D1339707

Van soapster tot safarigirl

Mirjam Mous

Van soapster tot safarigirl

Beleef het mee in De StrandTent

Met tekeningen van Stefanie Kampman

Van Holkema & Warendorf

Van soapster tot safarigirl is een bundeling van de titels
De StrandTent 3 en *De StrandTent 4*. Deze boeken zijn ook
los verkrijgbaar in de boekhandel. Lees ook de overige delen
uit de serie.

ISBN 978 90 475 0986 8
NUR 283
© 2009 Uitgeverij Van Holkema & Warendorf,
Unieboek BV, Postbus 97, 3990 DB Houten

www.unieboek.nl
www.mirjammous.nl
www.destrandtent.com

Tekst: Mirjam Mous
Illustraties: Stefanie Kampman
Omslagontwerp: Ontwerpstudio Bosgra BNO, Baarn
Zetwerk binnenwerk: ZetSpiegel, Best

De StrandTent

Aflevering 3:
Over de bovenlip van Marscha, een vals rastameisje,
een slimme hond en nog veel meer harige dingen

Hoofdrolspelers:

Fay Mol, 15 jaar
Bijnaam: Toverfay
Droomt van: Stanley for ever
Grootste angst: dat hij het
uitmaakt
Baalt van: ex-liefjes
Lievelingsdier: Tammy,
haar rat

Marscha de Groot, 15 jaar
Bijnaam: Smurfin
Droomt van: meedoen in een
realitysoap
Grootste angst: breedbeeld-
billen
Baalt van: haar op je
bovenlip
Lievelingsdier: Bertje

Bijrollen:
De acteurs (oom Rien, Safira, Marie-Fleur, Karin,
Said en Tim) en filmcrew (Xavier, Pierre, Kimberley)
van realitysoap *Peeping DST*

Figuranten:
Kijkbuisfans, hondenbaasjes, strandliefhebbers
en een harige hond

Speciale gastrol:
Daisy (een meid met haar op haar tanden,
die beweert dat Stanley ook op háár is)

Realitysoap

Marscha bestudeerde haar gezicht in de spiegel boven de wasta-
fel en riep verschrikt: 'Jemig Fay, ik krijg een snor!'
'Als dat een snor is, heb ik gorillabenen.'
'Nee, echt. Kijk dan.' Ze kwam voor me staan en duwde met haar
tong haar bovenlip naar voren, zodat ze zelf iets aapachtigs kreeg.
'Maak je niet druk, joh.' Ik keek naar de minuscule donshaar-
tjes op haar bovenlip. 'Het zit hartstikke snor.'
'Haha.' Ze gaf me een stomp.
Ik wreef over mijn schouder. 'Oh wee, als ik een blauwe plek
krijg.'
'Blauwe,' prevelde Marscha, alsof het een toverwoord was. Ze
haalde een doosje oogschaduw uit haar tas en zei plechtig: 'Ves-
tig de aandacht op je sterke punten door daar het accent op te
leggen.' Dat had ze uit *Glow*, ons favoriete tijdschrift.
Toen verfde ze haar oogleden knalblauw. Tot aan haar wenkbrau-
wen!
'Tadáááá.' Ze knikte tevreden tegen haar spiegelbeeld. 'Nu let ie-
dereen op mijn ogen in plaats van op mijn bovenlip.'
Ik zei maar niet dat ze eruitzag alsof ze gevochten had.
Karin kwam de wc-ruimte binnen. Haar bruine haren piekten
vandaag in drie blije staartjes uit haar hoofd.
'Hebben jullie het al gehoord?' vroeg ze opgewonden. 'Marie-
Fleur komt op tv.'
Marscha borg de oogschaduw weer op. 'Bij zo'n dom belspelle-
tje, zeker?'
'Helemaal niet.' Karin keek keurend naar Marscha. 'Geinig
kleurtje.' Daarna huppelde ze langs ons heen en dook een van
de wc's in.

'Marie-Fleur gaat meedoen in een realitysoap,' riep ze vanachter de deur.

'Neeeee!' Marscha greep de wastafel vast. 'Welke dan?'

Als je letterlijk groen van jaloezie kon worden, was ze volgens mij ter plekke in een marsmannetje veranderd.

'*Peeping* nog wat.' Karin liet een straaltje klateren. 'Ze willen drie weken lang een groep jongeren volgen met de camera.'

Ik moest er niet aan denken. Het was al een ramp om mezelf op een foto te zien, en dan bewóóg ik nog niet eens.

'Waarom zíj nou weer?' vroeg Marscha kriegel. 'Het is toch al zo'n opschepster.'

'Haar vader sponsort het programma.' Karin spoelde de wc door en kwam weer naar buiten. 'Op voorwaarde dat Marie-Fleur mee mag doen.'

'De stinkerd.' Marscha kreunde. 'Waren mijn ouders ook maar miljonair.'

Karin waste haar handen en hield ze onder de blower. Ze moest schreeuwen om boven het lawaai uit te komen. 'De opnames beginnen binnenkort al. Ze hebben alleen nog een geschikte locatie nodig.'

Marscha streek peinzend door haar haren. Bovenop was het blond, de onderste helft had ze blauw laten verven. Ze wisselde om de zoveel tijd van lievelingskleur en zat nu in een blauwe periode.

'Denken jullie ook wat ik denk?' riep ze ineens uit.

Karin en ik keken haar niet-begrijpend aan.

'Zon, zee, hippe meiden, coole jongens!' Marscha kon niet meer stilstaan. 'De meest trendy locatie van het noordelijk halfrond.'

Er begon me iets te dagen.

'DST!' riep ze ongeduldig.

DST – de Strandtent, was van Marscha's oom. We hadden er allebei een bijbaantje.

Marscha pakte ons vast en sleurde ons mee naar de deur. 'Kom mee, Marie-Fleur zoeken!'

Problemen met je lijf,
je lover of je ouders?
Vraag Manja om raad!

(Ook anonieme brieven
worden beantwoord)

Lieve Manja,
Mijn vriendin M. denkt dat ze een snor heeft. Flauwekul, maar ze wil
hem toch afscheren. Volgens mij is dat helemaal verkeerd. Mijn
vader zegt dat zijn baardstoppels juist harder gaan groeien als hij
zich elke dag scheert. Als dat waar is, zit M. straks nog echt met een
snor. En ik met een klagende vriendin. Hoe kan ze het beter aanpakken?
Groetjes van Snorrenvrouws

Beste Snorrenvrouws,
Ook vrouwen hebben haartjes op hun bovenlip. Als ze licht gekleurd
zijn, valt dat nauwelijks op. Ben je donkerharig en heb je toevallig
veel mannelijke hormonen, dan krijg je eerder last van overtollige
haargroei. Niet alleen op je bovenlip, maar ook op bijvoorbeeld je
borst en kin. Je kunt ze wel afscheren, maar dan komen er harde
stoppels voor terug. Bovendien moet je de scheerbeurt elke dag her-
halen. Verstandiger is het om naar een schoonheidsspecialiste te
gaan en je elektrisch te laten ontharen. Dit is echter niet pijnloos!
Heb je niet zo veel geld? Dan kun je ook een ontharingscrème
kopen, speciaal voor je gezicht. Of kant-en-klare waxstrips. Die druk
je op je huid en trek je er daarna weer af. Let op: het kan pijn doen
en het werkt niet bij stugge haren. Warm waxen is iets duurder en je
moet oppassen dat je je niet brandt. Je kunt de wax in een magne-
tron of in een pan met heet water verwarmen. Als je donkere haar-
tjes hebt, is bleken ook nog een uitkomst. Dan zie je ze nauwelijks
meer. Maar het zou natuurlijk het beste zijn als jij je vriendin ervan

weet te overtuigen dat ze zich druk maakt om niets. De meeste meisjes zijn veel te kritisch op hun eigen lichaam. Misschien dat het helpt als M. van anderen hoort dat ze helemaal geen snor heeft.
Succes!
Manja

Plies!

We vonden Marie-Fleur in de kantine. Ze zat op een tafel bij het raam, met een stuk of zes meiden uit een lagere klas rond haar heen geklit.

'Ze heeft nu al fans,' zei ik.

Marscha stapte op hen af en wapperde met haar hand. 'Wegwezen, ukkies.'

Karin knikte. 'Wij hebben iets belangrijks te bespreken.'

De meiden dropen morrend af, terwijl Marie-Fleur hen teleurgesteld nakeek.

Marscha ging vlug op de slijmtoer. 'Tv-sterren hebben ook recht op privacy.'

Het gezicht van Marie-Fleur veranderde meteen. Ze glimlachte toeschietelijk. 'Dus jullie hebben het al gehoord?'

Marscha ging naast haar zitten. 'Ja, en nu hebben we een wereldidee.'

We? dacht ik.

'Als jij nou even regelt dat ze die realitysoap in DST opnemen.' Marscha sloeg haar arm om Marie-Fleur heen alsof ze ineens dikke vriendinnen waren. 'Stel je voor: jij, met jouw béééééldige figuurtje, in bikini op tv. Heel Nederland zal jaloers op je zijn.'

Wat een actrice! Het was dat ze 'béééééldige' zei, anders had ík het zelfs geloofd.

'Ik weet niet, hoor,' aarzelde Marie-Fleur. 'Mijn vader en ik hadden een andere locatie in gedachten. Een kasteel of een mooi landhuis...'

'Oom Rien zou het ook geweldig vinden,' viel Marscha haar in de rede.

Karin ging een stapje dichterbij staan. 'Plies, plies!'

'En we kunnen allemaal meedoen,' zei Marscha. 'Fay, Karin, Tim, Said en...'

Foutje!

'En jij zeker?' vroeg Marie-Fleur stijfjes.

Ik niet, dacht ik. Nog niet voor een miljoen.

'Ik had het kunnen weten,' zei Marie-Fleur.

Marscha deed alsof haar neus bloedde. 'Gezellig toch? De hele feestcommissie.'

Marie-Fleur fronste haar voorhoofd. 'Dat wel, maar...'

'Dus je doet het?' Karin wipte van haar ene op haar andere been.

Marie-Fleur gleed onder Marscha's arm uit en sprong van de tafel. 'Vooruit dan, ik zal het er met Xavier over hebben.'

'Xavier?' vroeg Karin.

'De producer,' antwoordde Marie-Fleur belangrijk. Ze pakte haar tas en liep heupwiegend de kantine uit. Bij de klapdeuren draaide ze zich nog even om. 'Maar ik beloof niets, hoor!'

Ik hoopte dat Xavier een bloedhekel aan strandtenten had.

Marscha gaf me een por. 'Waarom zei jij eigenlijk niks?' vroeg ze pissig. 'Van jou neemt ze veel meer aan dan van mij.'

'Ik wil helemaal niet op tv komen,' zei ik.

Marscha en Karin gaapten me aan alsof ik in mijn blootje stond.

'Nou, ik wel.' Marscha zette haar handen in haar zij. 'En dat gaat me lukken ook.'

Karin knikte zo hard dat haar staartjes heen en weer zwiepten. 'Desnoods binden we Marie-Fleur op de pijnbank.'

FIFTEEN MINUTES OF FAME

Vroeger moest je iets presteren om beroemd te worden. Een meester-werk schrijven bijvoorbeeld, of de Nobelprijs winnen. Maar tegen-woordig komt zelfs je buurjongen met gemak op tv.
Heb je geen talent en wil je toch in the picture staan? Go with the Glow-tricks en binnenkort loop jij over de rode loper.

1. *Sla een popster of bekende voetballer aan de haak. Zijn sterren-dom zal ook op jou afstralen.*
2. *Of nog beter: ga (zoals Máxima) voor een prins op het witte paard. Zorg voor een bruiloft met veel pracht en praal en een sleep van minstens zes meter.*
3. *Geef je op voor Idols: doe een gekke, opvallende act en zing zo vals mogelijk. Vergeet niet om je moeder mee te nemen, dan kan ze een scène maken als je afgewezen wordt.*
4. *Ren in je blootje over het voetbalveld tijdens de WK. (Hoge kijk-cijfers!)*
5. *Verbeter het wereldrecord snelsms'en en word voorpaginanieuws. (Een 23-jarige studente uit Singapore wist in minder dan 44 se-conden 26 woorden in te toetsen.)*
6. *Meld je aan bij Big Brother en half Nederland is 'watching you'.*
7. *Laat een vliegtuigje rondcirkelen met een spandoek erachter, waarop levensgroot jouw foto is afgebeeld. Zet er een prikkelen-de tekst bij, en je naam natuurlijk.*
8. *Huur een hoogwerker, ga ermee bij Jan Smit in de achtertuin staan en zing hem van grote hoogte toe. (Niet vergeten: eerst Shownieuws bellen!)*
9. *Doe mee aan zoveel mogelijk tv-spelletjes en quizzen en pro-*

beer in tv-series zoals Baantjer (die pet past ons allemaal) een rol-letje als figurant te scoren. Hoe vaker je op de beeldbuis komt, hoe groter de kans dat je op den duur herkend wordt.

10. Verkleed je als een beroemdheid, laat je op de foto zetten en stuur hem op naar Glow. De origineelste inzending komt op de cover!

06-nummer

De volgende ochtend waren Marscha en ik al vroeg op school. Ze wilde Marie-Fleur nog vóór de eerste zoemer spreken, dus stonden we aan de rand van het plein op de uitkijk.

'Volgens mij is hij vannacht weer gegroeid.' Marscha voelde aan haar bovenlip. 'Straks starten de opnames en zit ik met een giga-snor.'

Ik werd een beetje moe van Marscha. 'Het is niet eens zeker dat het doorgaat.'

'Het móét doorgaan.' Ze leek op een pitbull die een sappige worst wordt voorgehouden. 'Dit is mijn kans om beroemd te worden.'

Waarom wilde iedereen zo graag beroemd zijn? Ik dacht aan de strandwandeling die ik gisteravond met Stanley had gemaakt. (Hij is seizoenkracht bij DST en we hebben nu drie weken, twee dagen en dertien uur verkering.) Stel je voor dat we bestormd waren door opdringerige fans en fotografen. Heel romantisch, maar niet heus.

Marscha rukte aan mijn mouw. 'Daar is ze.'

Marie-Fleur was helemaal in het nieuw gestoken. Ze droeg een zuurstokroze barbie-outfit met bijpassende hooggehakte schoenen. Ze wiebelde bij elke stap.

'En?' Marscha hijgde van opwinding. 'Heb je al met Xavier gesproken?'

Marie-Fleur genoot zichtbaar van haar macht. 'Nog niet.'

Marscha keek haar vernietigend aan. 'Waarom niet?'

'Gewoon, ik heb nog geen tijd gehad.' Marie-Fleur wiebelde verder, in de richting van de schooldeuren.

'Kakwijf,' zei Marscha met op elkaar geklemde kaken. 'Ze doet het erom.'

'Zet het nou maar uit je hoofd.' Ik pakte haar arm en knikte naar Tim, die met Said en Karin stond te praten. 'We gaan daarheen.'

Hopelijk deden Said en Tim nog normaal. Ik had in *Glow* gelezen dat jongens zich minder snel gek laten maken dan meiden. Dat vinden ze niet cool staan.

Maar Karin had Said al aangestoken. (Met haar enthousiasme, bedoel ik. Niet met een lucifer.) Hij verwelkomde Marscha en mij met een swingende rap: 'Beleef het mee in *Peeping DST*, binnenkort op teevee.' Hij droeg net zo'n petje als Ali B in zijn nieuwste videoclip.

'Het is een realitysoap,' zei ik. 'Geen musical.'

'Ik zing niet, ik rap.' Said sloeg zijn armen om Karin heen en gaf haar een kusje in haar nek. 'Dat is heel wat anders, hè schatje?'

Ik keek hoopvol naar Tim. 'Jij hoeft toch niet zo nodig op tv te komen?'

Hij wreef een beetje verlegen door zijn warrige haar. 'Ik niet. Maar het is wel geweldige reclame voor mijn piece.'

Tim had de Strandtent met twee muurschilderingen versierd. Hij wilde graffitikunstenaar of striptekenaar worden.

Marscha zuchtte. 'Konden we zelf maar met die Xavier praten. Als we op Marie-Fleur moeten wachten, zijn de rollen straks al vergeven.'

'Zal ik haar gijzelen tot ze zijn telefoonnummer geeft?' bood Karin aan.

Said grinnikte. 'Ik snap niet dat Marie-Fleur zo moeilijk doet. Soms is ze onuitstaanbaar.'

'Soms?' vroeg Marscha. Ze tikte met haar metallic blauw gelakte nagels tegen haar tanden. 'Als we nou eens…' Ze boog zich voorover en begon te fluisteren.

Vier paar ogen keken me smekend aan.

'Waarom moet ík het doen?' vroeg ik. 'Júllie willen op tv.'

Karin pakte mijn hand vast. 'Je weet best dat Marie-Fleur jou het meest vertrouwt van ons allemaal.'

Marscha rukte mijn andere arm zo ongeveer uit de kom. 'Plies, plies?'

'Ja, toe nou Fay, help nou mee,' rapte Said.

'Als ik later beroemd ben, kom ik je kamer spuiten,' beloofde Tim.

'Hemelsblauw,' adviseerde Marscha alvast.

Toen gingen ze alle vier op hun knieën voor me zitten! Iedereen op het plein staarde ons aan.

'Sta op,' siste ik met een knalrood hoofd. 'Ik ga al.'

Marie-Fleur stond bij de kluisjes.

'Mag ik je mobieltje even lenen?' vroeg ik. 'Marscha's beltegoed is op en ik moet dringend naar huis bellen.'

Marie-Fleur keek me bezorgd aan. 'Toch niets ernstigs?'

Ik voelde me acuut een misdadiger. 'Nee, hoor.'

Ze rommelde in haar tasje, haalde een hypermodern telefoontje tevoorschijn en klapte het open.

'Bedankt. Het is nogal privé, ik ga even…' Ik gebaarde naar het eind van de gang en liep zo nonchalant mogelijk van haar weg. Intussen drukte ik de menutoets in en zapte langs de namen in haar telefoonboekje.

Mijn eigen naam, *oma, Sanne, thuis*, *Van Montfoort* (zo heette hun butler)… en dan: *Xavier*!

Het was een 06-nummer.

'Lukt het niet?' riep Marie-Fleur.

'Jawel, hoor.' Vlug zette ik de telefoon aan mijn oor. 'Met Fay.'

Ik begon te mompelen en te knikken alsof ik met iemand in gesprek was, terwijl ik over mijn schouder naar Marie-Fleur gluurde.

Pfff, ze was druk bezig om iets in haar kluisje te proppen.

Ik viste een pen uit mijn zak en schreef het nummer van Xavier bliksemsnel op de binnenkant van mijn pols.

'Ja mam, dag mam.' Pen terugstoppen.

Ik klapte het mobieltje dicht en bracht het terug naar Marie-Fleur.

'Er zit inkt aan je mouw,' zei ze.

Oeps!

'Dat is geen inkt, maar...' Ik trok vlug mijn mouw langer, zodat mijn hele hand erin verdween. 'Eh... bosbessenjam. Nog van het ontbijt.'

Het was maar goed dat ik niet aan een leugendetector vastzat. Het apparaat zou spontaan zijn ontploft.

Problemen met je lijf, je lover of je ouders? Vraag Manja om raad!
(Ook anonieme brieven worden beantwoord)

Lieve Manja,

Binnenkort wordt er misschien een realitysoap opgenomen in de strandtent waar ik werk. Mijn vrienden vinden het geweldig, maar ik zweet nu al peentjes. Als ik maar dénk dat iedereen op me let, ga ik blozen of stotteren. Kun je nagaan als er straks een camera op me gericht staat! Ik weet zeker dat ik van de zenuwen struikel, of een dienblad met glazen laat vallen. Dan sta ik voor heel Nederland voor paal. Het liefst zou ik helemaal niet meedoen, maar dan ben ik mijn baantje kwijt. Weet jij hoe ik van mijn plankenkoorts af kan komen?
Een wanhopige bijna-soapie

Lieve bijna-soapie,

Zelfs artiesten die avond aan avond op de bühne staan, zijn van tevoren soms zenuwachtig. Het zijn namelijk óók mensen, en iedereen is wel eens onzeker. Ja, zélfs die meiden die van zelfvertrouwen lijken te barsten. Denk daaraan als je knieën beginnen te knikken. (Gedeelde smart is halve smart.) Bovendien letten anderen vaak veel minder op je dan je denkt. (Je bent Jennifer Lopez niet.) De meeste mensen zijn vooral druk bezig met zichzelf (Hoe kom ik over? Ben ik wel leuk en spontaan genoeg?), dus waarom zou je je sappel maken? En probeer voortaan wat minder oordelend naar jezelf te kijken. Je legt je vriendinnen toch ook niet onder een vergrootglas? Trek voor de opnames je mooiste kleren aan en zorg ervoor dat je fit bent. Ga voor de spiegel staan en noem je sterke punten op. Herhaal die voor jezelf op het moment dat de twijfel toeslaat. Vergeet de camera en probeer gewoon te doen wat je altijd doet. Als je je steeds bewust bent van een loerend oog, is de kans groot dat je je gekunsteld gaat gedragen. En mocht je toch struikelen? Lach er dan zelf het hardst om. Dat zullen de kijkers alleen maar waarderen.

Manja

Hij komt!

Marscha zette het 06-nummer van Xavier in het telefoonboekje van haar mobiel.

Ze wilde meteen gaan bellen, maar Tim hield haar tegen. 'Hij ligt vast nog te pitten. In de showbizz hoeven ze niet zo vroeg op als wij.'

Said humde instemmend. 'Nog een goede reden om rapper te worden.'

Om drie minuten voor elf stak Marscha haar vinger op.

'Mag ik even naar de wc?' vroeg ze aan Van Luyt, onze wiskundeleraar.

Toen hij knikte, verliet ze met een vette knipoog het lokaal.

Karin schoof meteen onrustig heen en weer op haar stoel en Said trommelde met zijn vingertoppen op tafel. Tim was de enige die niet zenuwachtig leek. Hij tekende een filmcamera in zijn wiskundeschrift.

Ik keek naar het bord, waar een som over kansberekening stond. Marscha kreeg bijna altijd haar zin. Dikke kans dat het haar nu ook weer zou lukken.

Jammer genoeg.

Tien minuten later kwam ze met stralende ogen terug in de klas.

'Je hebt je tijd wel genomen,' zei Van Luyt achterdochtig.

Marscha zond hem meteen haar speciale glimlachje toe. Het werkte niet alleen bij jongens, maar ook bij bejaarde leraren.

'Ga maar gauw zitten.' Van Luyt pakte een krijtje van de rand van het bord en schreef het huiswerk voor de volgende les op.

Marscha scheurde een blaadje uit haar agenda en begon ook als een razende te schrijven. *Yes! DST vanmiddag 16.00 uur.*

Toen ik het gelezen had, gaf ze het briefje door aan Tim. Hij las het en gooide het bij Karin op tafel, die het weer doorschoof naar Said.

Van Luyt draaide zich om en keek het lokaal in. Marscha, Tim, Karin en Said grijnsden als blije breedbekkikkers.

'Fijn dat er nog leerlingen zijn die zich op het huiswerk verheugen,' zei Van Luyt.

'Hij komt, hij komt!' zong Karin in de pauze. 'Die lieve, goede Xavier.'

'Hoe heb je hem overgehaald?' vroeg Tim.

'Gewoon,' antwoordde Marscha stoer.

Ik fronste mijn wenkbrauwen.

'Oké, oké,' bekende ze. 'Ik heb gezegd dat Marie-Fleur het graag wil.'

'Dan moeten we haar meevragen,' zei ik meteen.

'En dan ga jij aan haar uitleggen hoe we aan het nummer van Xavier zijn gekomen?' vroeg Karin.

Shit, daar had ik nog niet aan gedacht.

Said deed een dansje met zulke woeste bewegingen dat hij Marscha bijna een écht blauw oog sloeg. 'We kunnen haar altijd nog bellen en het achteraf pas vertellen.'

Dus gingen we na school zonder Marie-Fleur naar DST. We parkeerden onze fietsen op de boulevard en liepen de trap af naar het strand. Links lag nóg een strandtent: Zeezucht, de geduchte concurrent. Ik kon de mensen op het terras horen lachen.

Zeeklucht, dacht ik.

Wij sloegen rechts af. Karin sprong bij Said op zijn rug en gaf hem de sporen. Tim en Marscha liepen druk pratend achter hen aan. Ik had alleen oog voor het terras en probeerde Stanley te ontdekken.

Ja, hij kwam net met een dienblad naar buiten! Mijn hart maakte een sprongetje. Nou ja, zeg maar een driedubbele salto. Laat het alsjeblieft nooit meer uitgaan, wenste ik.

'Hoi,' zei Stanley.

Zijn scheve lachje bezorgde me nog altijd puddingknieën.

'Waar is oom Rien?' vroeg Marscha opgewonden. 'Ik moet hem iets belangrijks vertellen.'

'Binnen.' Stanley keek me vragend aan.

'Ze willen op tv.' Ik deed verslag over de realitysoap.

'Gaaf, man.' Said stak zijn borstkas vooruit. 'Straks krijgen we hordes gillende meiden achter ons aan.'

Karin ramde haar elleboog bijna dwars door zijn ribben heen.

'En dan zeg ik natuurlijk meteen dat ik al verkering heb,' zei Said snel.

Stanley blies het lange ponyhaar uit zijn ogen. 'Als ik met mijn puistenkop in beeld kom, begint iedereen meteen te zappen.'

'Heus niet,' flapte ik eruit. 'Jij hebt de mooiste pukkels van de hele wereld!'

Iedereen lachte alsof ik iets geks had gezegd.

Marscha stormde naar buiten. 'Superreclame voor de zaak, zegt oom Rien! Nu hoeven we alleen Xavier nog over te halen.'

Tim tuurde op zijn horloge. 'Hij zou er al moeten zijn.'

We keken naar de mensen op het terras. Eén man zat in zijn eentje koffie te drinken. Hij droeg een spijkerbroek en een wit overhemd met een colbertje.

'Misschien is hij het wel,' zei Marscha met een knikje.

Karin duwde Said al vooruit. 'Wij gaan het wel even vragen.'

Wat staat er deze week
in de sterren?
Je leest het in de
**GLOW-ING STARS
HOROSCOOP**

Schorpioen

24 oktober – 22 november

Je bent heel onzeker over iets,
terwijl dat helemaal niet nodig is! Je kunt wel eeuwig in je schulp
kruipen, maar dan mis je allerlei kansen, waar je later spijt van krijgt.
Het is tijd om je harnas af te werpen en je wat toeschietelijker op te
stellen. Je vrienden zullen je graag helpen. Laat het deze keer nou
maar eens gewoon gebeuren. Succes verzekerd!

De kietelmethode

Het was hem. (Xavier, bedoel ik.)

Marscha loodste hem meteen mee naar binnen en prees met haar speciale lachje de DST-stoelen aan. Ze waren gemaakt door de leerlingen uit onze klas. Niet eentje was er hetzelfde en elke stoel had een naam. De tropische verrassing in melkchocolade was mijn favoriet. Aan de rugleuning zat een palmboom vast.

Wij zaten op het terras en bespioneerden Marscha door het raam. 'Ze lijkt net een verkoopster in een meubelshowroom,' zei Tim.

Een kwartiertje later schoven Xavier en Marscha weer bij ons aan tafel.

'En?' Karin keek zo dreigend, dat ik in Xaviers plaats geen 'nee' meer had durven zeggen.

Hij schraapte zijn keel. 'Oké, op voorwaarde dat de heer Van Banningen akkoord gaat.'

Ai! (Dat was de vader van Marie-Fleur.)

Oom Rien was de enige die er opgetogen uitzag.

'Is er iets?' vroeg Xavier.

'Nee hoor.' Karin zuchtte.

'Pilsje?' vroeg oom Rien aan Xavier.

'Ik haal het wel.' Marscha seinde met haar ogen naar de anderen: crisisberaad!

Tim knikte. 'Ik help je.'

'Dito.' Said stond op en pakte Karins hand vast. 'Ga je mee, schatje?'

Marscha klopte op de rugleuning van mijn stoel. 'Kom, Fay.'

Xavier staarde ons aan alsof we krankzinnig waren geworden. 'Ik hoef maar één glas, hoor. Niet een heel biervat.'

Stanley tapte een pilsje, terwijl wij aan en rond de bar hingen.
'Wat nu?' vroeg Tim. 'Als Marie-Fleur hoort dat we achter haar rug om...'
Dan wordt ze woedend en gaat het mooi niet door! dacht ik blij.
'F.C. Knudde, we kunnen het wel schudden,' rapte Said.
'Zeur niet zo.' Marscha rukte aan haar oorbel, een blauw mini-potloodje. 'Bedenk liever een plan!'
Karin liet haar duim uit haar mond ploppen. 'We sluiten ze allebei op in de voorraadkast,' zei ze genietend. 'Marie-Fleur én haar vader. En dan mogen ze er pas weer uit als ze "ja" hebben gezegd.'
Tim pulkte hoofdschuddend aan een verfklodder op zijn broek. 'Je hebt te veel B-films gezien.'
Stanley zette het pilsje op de bar. 'Waarom passen jullie de kietelmethode niet toe?'
'De wat?' vroeg ik.
'Je geeft haar net zolang complimentjes tot ze meewerkt.'
Marscha keek naar Stanley alsof ze hem wel kon zoenen, wat ze gelukkig niet deed. In plaats daarvan pakte ze haar mobieltje en toetste een sms-berichtje voor Marie-Fleur in. *Zoooo toevallig, Xa4 in DST, komju?* Ze drukte op verzenden.

Zodra Marie-Fleur het terras opklom, kwam het welkomstco-mité in actie.
'Xavier vindt het een superidee, een realitysoap in DST,' rapte Said haar toe.
Marie-Fleur keek alsof ze iets smerigs rook.
'Zij heeft altijd van die goede ideeën,' zei Marscha tegen Xavier.
Marie-Fleur kneep haar ogen tot spleetjes.
'Zij heeft de locatie bedacht!' gilde Karin, zo hard, dat ze het waarschijnlijk zelfs in Zeezucht konden horen.
Marie-Fleur deed haar mond open. 'Maar...'

'Je hebt er absoluut oog voor,' zei Xavier vriendelijk tegen haar. Haar mond ging weer dicht. Ik kon haar bijna hóren denken: meespelen of ontploffen?

'Het zou fijn zijn als je je vader ook weet te overtuigen.' Xavier zwom met zijn hand door zijn dunne haar.

'Vooruit dan.' Marie-Fleur greep naar haar tasje. 'Ik zal hem wel even bellen.'

'Neem de mijne maar.' Marscha schoof haar mobieltje over de tafel.

Marie-Fleur keek naar het blauwe frontje met de flonkerende strasssteentjes.

'Goh, ik dacht dat je beltegoed op was,' zei ze liefjes.

'Weer opgewaardeerd,' antwoordde Marscha.

De vader van Marie-Fleur vond het meteen goed. Waarschijnlijk zou hij haar zelfs een Rolls-Royce geven als ze erom vroeg. Said liet de titelrap horen, die hij thuis al bedacht had.

Marscha boog zich voorover en fluisterde in mijn oor. 'Ik begin meteen met lijnen. Ze zeggen altijd dat je kont op tv veel dikker lijkt.'

Ook dat nog!

'Het programma gaat *Peeping DST* heten,' vertelde Xavier. 'Jullie spelen allemaal jezelf, dus je hoeft geen teksten vanbuiten te leren.'

Marscha keek opgelucht. Studeren stond in de top drie van haar minst favoriete werkwoorden.

'Wordt het dan niet saai?' vroeg Marie-Fleur.

'Laat dat maar aan mij en Pierre over,' antwoordde Xavier op een geheimzinnig toontje.

'Pierre?' vroeg Tim.

'Onze camera- en montageman.' Xavier nam een slokje. 'We filmen maar met één camera en zonder statief om een lekker hip en rommelig realitysfeertje te creëren.'

Ik hoopte dat het beeld zo wazig zou zijn dat niemand me herkende.

'De opnamen zullen ná schooltijd en in het weekend plaatsvinden,' vervolgde Xavier. 'Langer mag niet, anders krijgen we problemen met de arbeidsinspectie.'

'Jammer.' Karin zuchtte. 'Ik had best drie weken vrij willen nemen.'

Xavier dronk zijn glas leeg en zette het op tafel. 'Zo, en dan wil ik nu jullie namen en adressen zodat we de contracten kunnen opmaken.'

'Ik hoef niet per se een rol, hoor,' piepte ik.

Maar ze hadden ineens allemaal poep in hun oren.

Problemen met je lijf, je lover of je ouders? Vraag Manja om raad!
(Ook anonieme brieven worden beantwoord)

Lieve Manja,
Ik ben de laatste tijd bloednerveus. Weet jij een manier om snel te ontspannen?
Groetjes van Zenuwpeesje

Lief Zenuwpeesje,
Een ontspanningsoefening werkt het beste: Ga op je rug liggen en sluit je ogen. Span je spieren rustig aan en laat de spanning weer wegvloeien. Begin met je voeten, concentreer je dan op je benen, daarna je buik/rug en borsten/schouders en ten slotte je nek en hoofd, tot je hele lijf ontspannen is. Vind je dit moeilijk, dan kan muziek als ondersteuning werken. Kies wel een toepasselijk genre. (Het is lastig ontspannen met heavy metal in je oren!) Of stel je een plaats voor waar jij je prettig en veilig voelt (dat je op een luchtbed in de zee dobbert bijvoorbeeld, terwijl er een zacht windje door je haren strijkt). Het branden van wierook of bepaalde oliën zorgt ook voor een relaxed sfeertje. En er zijn allerlei soorten thee met rustgevende kruiden te koop. Een strand- of boswandeling kan ook een kalmerende invloed hebben. En veel lachen! Dat is de beste remedie tegen stress.
Groetjes van Manja

Cut!

Onze ouders hadden toestemming gegeven en de contracten waren ondertekend. Op donderdag zou de filmcrew voor het eerst langskomen, om een promotiefilmpje te maken.

'We zenden het uit in de week voordat de serie begint,' had Xavier gezegd. 'Om de kijkers alvast lekker te maken.'

Een uur voor de opnamen stond heel DST op zijn kop.

Safira, die al jaren voor oom Rien werkte, had zelfs voor het eerst haar lippen gestift! In dezelfde kleur als haar hoofddoek.

'Ik ben nog nooit op tv geweest,' zei ze. 'Misschien heb ik talent en word ik ontdekt.'

Ik dacht aan een nog onontdekte primitieve stam ergens in Afrika. Had ik maar genoeg geld om een vliegticket te kopen!

Marscha kwam de keuken binnen met een pleister onder haar neus.

'Heb je je gesneden tijdens het scheren?' vroeg ik.

'Ik heb een veel betere ontharingsmethode bedacht,' zei ze bloedserieus. 'Leukoplast op je snor plakken, goed aandrukken en er weer afhalen. Dan trek je er in één keer al je haren uit.'

Ze gaf meteen een demonstratie. Er klonk een akelig scheurend geluid, alsof haar hele bovenlip meekwam. Misschien was dat ook echt zo, want ze gilde van de pijn en de tranen sprongen in haar ogen.

'Idioot.' Ik was boos en bang tegelijk en durfde amper te kijken.

'En?' Marscha betastte haar gezwollen lip. 'Zijn ze weg?'

'Gelukkig valt het mee,' zei ik opgelucht. 'Je vel is niet kapot, alleen maar rood.'

Ze holde naar de spiegel. 'Valt wel mee?' riep ze ontzet. 'Nou heb ik een rooie snor!'

'Maar wel eentje zonder haren,' probeerde ik haar te sussen.
Safira gaf Marscha een potje uierzalf. 'Hier, smeer dat er maar op, dat werkt verzachtend.'
'Ik moet een camouflagestift hebben,' mopperde Marscha. 'Waar is Marie-Fleur?'
Ze verdween door de deur met het patrijspoortje.

Karin beet al haar nagels af en Said en ik moesten elke vijf minuten naar de wc. Stanley had zijn enorme zwarte zonnebril opgezet (pukkelcamouflage) en stootte meteen een glas van de toch al schemerige bar. Tim knakte minstens tien bierviltjes doormidden en oom Rien hees zijn werkmansbroek telkens op. Toen arriveerde eindelijk de crew. Twee mannen in mouwloze hemdjes sjouwden een lading snoeren en lampen en een laptop naar binnen.
'Wauw, wat een spierballen.' Karin klakte met haar tong.
'Let op,' fluisterde Marscha. 'Die gaat straks vragen of ze even mag voelen.'
Said snoerde meteen zijn armen bezitterig rond Karins middel. De derde en laatste man torste een toeter van een camera mee. Hij zette hem voorzichtig op de grond en keek ons met zijn varkensoogjes aan. 'Hoooi.' Hij zag eruit alsof hij regelrecht uit bed was gekomen.
'Bent u de cameraman?' vroeg Marie-Fleur ongelovig.
Hij sloeg met zijn handen op zijn dikke buik. 'Zeg maar Pierre, moppie.'
Op zijn knaloranje shirt stond een raadsel: *Het wil met jou zoenen en draagt een ster op zijn rug.* Hij draaide zich om en...
Inderdaad.
Achter hem bleek nóg een crewlid te staan. Een klein meisje met grote poppenogen.
'Wat een schatje,' fluisterde Said.
Karin ging – vast niet toevallig – op zijn tenen staan.

'Kimberley,' zei het meisje met een lijzige stem. 'Pierres persoonlijke assistente.'

Ik vroeg me af of zoenen ook bij haar taken hoorde.

Voorlopig maakte ze alleen wat aantekeningen op haar klembord. Ze schreef net zo langzaam als ze praatte.

'We beginnen zo meteen met wat losse opnamen voor het promotiefilmpje,' zei Pierre. 'Je mag zelf weten wat je doet, het gaat me vooral om jullie gezichten.'

Ik kreeg meteen het gevoel alsof er een cactus in mijn buik zat.

De Rambo-mannen hadden alle spullen opgesteld en waren weer vertrokken.

Pierre zette de camera op zijn schouder en knikte naar Marie-Fleur. 'Ga jij maar van start, mop.'

Ze ging in de door haar zelf gemaakte filmsterrenstoel zitten. Hij was van roze pluche en versierd met echte parels. Ze haalde een piepklein spiegeltje uit haar tasje, controleerde haar make-up en borg het spiegeltje weer op. Toen leunde ze in een bevallige pose over de leuning van haar stoel en glimlachte als een meisje in een tandpastareclame.

'En cut,' riep Pierre.

'Cut?' Marie-Fleur fronste haar geëpileerde wenkbrauwen. 'Maar ik was nog niet begonnen.'

'Het staat er prima op.' Pierre zapte met zijn ogen naar Karin. 'Nu jij, moppie.'

'Kut,' fluisterde Marie-Fleur. (En dit keer dus niet met een c.)

Karin rende door DST en speelde in haar eentje een complete film na, met veel bloed en gewonden. Een paar nieuwsgierige klanten kwamen kijken.

Dit was mijn kans! Ik pakte mijn blokje en ging vlug bestellingen opnemen. Intussen probeerde ik heel hard uit te stralen: verboden te storen!

'Goed gedaan.' Pierre wees Said aan. 'Oké, nu jij…'

'Als je me moppie durft te noemen, krijg je een dreun,' waarschuwde Said.

Pierre knipoogde naar Kimberley en grinnikte, maar hij hield toch zijn mond.

Said deed een rap met ingewikkelde danspassen. Ik liep naar de bar om de bestellingen aan Stanley door te geven. Inmiddels was Marscha aan de beurt. Ze kon heel goed typetjes nadoen en imiteerde Pierre: 'Hé moppie, nu jij mop.' Het leek sprekend, op één dingetje na: ze hield de hele tijd haar wijsvinger voor haar bovenlip.

Ik liep met een volgeladen dienblad weer terug naar de klanten. 'Waar zijn die opnamen voor?' vroeg een vrouw nieuwsgierig.

'*Peeping DST*. Een nieuwe realitysoap, die binnenkort op tv komt,' zei ik, terwijl ik haar een kop koffie gaf.

Haar mondhoeken wezen ineens krampachtig omhoog. Ze zwaaide naar iets wat naast me stond.

Ik draaide me om en toen zag ik het pas. Pierre hield de camera op mij gericht en het rode lampje brandde.

Shit!

Mijn hoofd begon ook als een rode lamp te branden. Ik deelde als een gek drankjes uit en durfde pas weer om te kijken toen Pierre 'cut' riep.

Pfff, de camera verhuisde naar Tim. Hij had een vel papier opgehangen en schetste vliegensvlug onze portretten. Het hoofd van oom Rien kwam bovenaan te staan, alsof hij de vader was en wij zijn kinderen. Toen de tekening klaar was, schreef Tim er met grote letters onder: *De cast van Peeping DST!*

GLOWS VERSIERTIP VOOR VERLEGEN MEIDEN

Sta jij altijd met je mond vol tanden zodra je een leuke jongen ziet? Als je het niet zeggen kan, show het dan!

Benodigdheden

Een T-shirt en een textielstift

Een jongen die kan lezen

Actie

Schrijf een pakkende tekst of een gouden openingszin op je shirt.

Tekstsuggesties

* Ik wil je versieren, maar ik heb mijn slingers thuis laten liggen.
* Je doet me heel erg aan mijn buurjongen denken, die is ook zo knap.
* Ben jij niet die soapster...
* Wat zit je haar leuk. Mag ik de naam van je kapper?
* Ik ben vandaag jarig en jij ziet eruit als een cadeautje.
* Ik had net zin in een goed gesprek, maar mijn beltegoed is op. Ik dacht: misschien wil jij wel met me praten.
* Ik ben bang in het donker. Breng jij me straks naar huis?
* Ik snap niks van mijn wiskunde en jij ziet er heel intelligent uit.
* Ik weet geen openingszin, dus als jij nou...
* Waar heb je die toffe schoenen gekocht?
* Ik ben mijn tong verloren. Kun jij hem helpen terugvinden?

Actie!

Ga in je nieuwe T-shirt in de buurt van die leuke jongen staan. Kijk hem aan en dan weer van hem weg. Knipper met je ogen (niet té, anders denkt hij dat je last van je contactlenzen hebt) en glimlach. Wedden dat hij reageert?

Als hij het gesprek begint, hoef je alleen nog maar te antwoorden. Veel minder eng dan zelf de eerste stap zetten.

Glow for it!

Binnenkort op tv

Pierre gaf ons een demonstratie filmmontage.
'Ik heb het complete filmpje in de computer geladen,' legde hij uit. 'Ik selecteer de beste takes en sleep ze hierheen.' Hij dubbelklikte op de muis. 'En zo zet ik ze in de goede volgorde.'
'Dat ben ik!' gilde Marie-Fleur toen ze zichzelf in de roze, pluchen stoel zag zitten.
'We zijn niet kippig,' zei Karin.
'Maar wel bijna doof.' Marscha hield haar handen voor haar oren.
Pierre zette zijn laptop uit en klapte hem dicht. 'Als ik klaar ben, krijgen jullie een kopie.' Hij knipoogde naar Marie-Fleur. 'Kun je jezelf elke dag bewonderen, moppie.'

Pierre volgde ons de hele dag met zijn camera, alleen in de wc was je veilig.
'Over een week zijn jullie er zo aan gewend, dat jullie het niet eens meer merken,' zei Kimberley.
Voorlopig was iedereen nog behoorlijk alert. Zodra Pierre in de buurt kwam, hoorde je fluisteren: 'Zit mijn haar wel goed? Heb ik geen soep in mijn ogen?'
Marscha's bovenlip was weer normaal, maar nu at ze ineens geen bitterballen meer. Ze volgde een dieet van blauwe druiven en suikervrije kauwgom.
'Straks val je nog flauw,' zei ik bezorgd.
'Beter dan breedbeeldbillen,' vond Marscha.
Ik tikte tegen mijn voorhoofd. 'Als je kont nog kleiner wordt, kun je niet meer zitten.'

En toen was het promotiefilmpje klaar. We gingen met de hele cast naar Marie-Fleur, want haar ouders hadden een beamer.

De butler bracht ons naar een aparte televisiekamer met een grote witte muur. Het leek net een kleine bioscoopzaal. We nestelden ons op de bank en op kussens op de grond en kregen allemaal een beker popcorn. Marscha had hem al leeg voor de voorstelling begon en keek beteuterd naar haar zoute vingers.

'Ik stikte van de honger.'

Ja, hèhè.

'Starten maar,' commandeerde Marie-Fleur met een armzwaai naar de butler.

'Poepoe,' fluisterde Marscha. 'Straks krijgt hij met de zweep.'

'Het begint!' riep Karin en meteen hielden we allemaal onze adem in.

Op de wand verscheen in koeienletters: *Nog zeven dagen en dan is het zover!* Pats! – daar was in full colour de Strandtent.

'*Peeping DST*,' zei een stem. 'Een realitysoap vol spanning, liefde en avontuur.'

Er klonk een swingend muziekje.

'Pfff.' Said maakte een wegwerpgebaar. Omdat het geen hiphop was, natuurlijk.

'Doe je arm naar beneden!' gilde Marie-Fleur hysterisch. 'Ik zie niks.'

De camera zoomde in sneltreinvaart in op de deur van DST, ging erdoor naar binnen en gleed langs de stoelen naar de bar. Oom Rien kwam als eerste in beeld. Boven zijn hoofd hing een tekstwolkje: *oom Rien, the Boss*.

Toen transformeerde zijn gezicht in dat van Stanley (mét zonnebril): *Zorro*.

Iedereen lachte. Stanley het hardst van allemaal.

Zijn haar (op het filmpje) begon te groeien en zijn bril verdween. Uit zijn hoofd ploepte een kroontje: *Prinsesje Marie-Fleur*.

'De prinses op de erwt,' fluisterde Marscha in mijn oor.

Marie-Fleur veranderde in Said, met een microfoon voor zijn mond: *De Rapper*.

Zijn huid werd bleker en hij kreeg drie staartjes: *Evergreen Karin*.

Haar haren ploften weer naar beneden en kleurden halverwege blauw: *Smurfin Marscha*.

'Nou ja, zeg,' mompelde Marscha.

'Ssssst!' siste iedereen.

Daar stond Tim op de muur, met een spuitbus zwevend naast zijn oor: *De Spuiter*.

Hij kreeg een hoofddoek en zijn kin werd puntig: *Kokkie Safira*.

'Nu jij nog, Fay,' zei Stanley.

Ik durfde alleen tussen mijn vingers door te gluren.

Safira's hoofddoek maakte plaats voor een paardenstaart: *Tover-fay*.

Was ik dat?

Stanley aaide mijn knie. 'Wauw, je bent ook al tv-geniek.'

'Ja hoor.' Ik liet mijn handen zakken en keek naar mijn geprojecteerde tweelingzus. Ze hield haar hoofd een beetje schuin en zei: '*Peeping DST*. Binnenkort op tv.'

Zooo raar.

Ten slotte zagen we de tekening die Tim had gemaakt.

'Mis het niet!' riep de stem, en toen werd de muur weer wit.

'Lachen,' zei Marscha. 'Fay wilde niet op tv en ze is de enige met tekst.'

Marie-Fleur stond op en liep met een samengeknepen mond naar de beamer.

**Problemen met je lijf,
je lover of je ouders?
Vraag Manja om raad!**
(Ook anonieme brieven
worden beantwoord)

Lieve Manja,
Ik maak me zorgen over mijn vriendin. Ze is al hartstikke dun, maar toch moet ze zonodig lijnen. Ze eet zelfs geen bitterballen meer! Alleen nog maar blauwe druiven en kauwgom zonder suiker. Dat is toch niet gezond?
Groetjes van een bezorgd meisje

Lief bezorgd meisje,
Het is inderdaad ongezond om jezelf uit te hongeren. En bovendien: het helpt niet! In het begin lijkt het allemaal fantastisch te gaan en val je lekker af. Maar als je lichaam te weinig voedsel binnenkrijgt, gaat het al snel zelf voor een noodrantsoentje zorgen en houdt het juist méér vet vast dan normaal. En dat blijft het doen, ook als je weer meer gaat eten. Gevolg: de kilo's vliegen er weer aan, en vaak ook nog wat onsjes extra. (Het zogenoemde jojo-effect.) Het is veel slimmer om niet (of minder) te snoepen (en die bitterballen te laten staan), maar wel gewoon te blijven eten. Zodat je alles binnenkrijgt, wat je nodig hebt.
Groetjes van Manja

(G)een liefdesbrief

Mijn zus Evi kwam de kamer binnen. Ze leek op een kleine kat die zojuist een vogeltje heeft gevangen.

'Een liefdesbrief voor Fay!' Ze wapperde met een envelop.

Mijn maag werd een stukje opgetild. Stanley had me nog nooit een brief gestuurd!

'Wat romantisch,' zei mijn moeder. 'Ik dacht dat jongens tegenwoordig alleen nog maar sms'ten of mailden.'

Ik griste de envelop uit Evi's klauwtjes en draaide hem om. Geen afzender. Alleen mijn naam en adres stonden op de voorkant. Niet met de hand geschreven, maar getypt.

'Hoe weet jij dat hij van Stanley is?' vroeg ik achterdochtig, want met Evi wist je het maar nooit. Voor hetzelfde geld had ze de brief boven de fluitketel opengestoomd, hem stiekem gelezen en daarna de envelop met lijm weer dichtgeplakt.

'Tjááá,' zei ze geheimzinnig.

Ik kreeg wurgneigingen.

'Je thee, Fay.' Mijn moeder schoof de dampende kop naar me toe.

'Ik drink hem boven wel op.' De brief brandde zo ongeveer een gat in mijn hand, ik kon geen seconde meer wachten.

'Flauwerik.' Evi keek verlangend naar de envelop. 'Je kunt hem toch best even voorlezen?'

'Die is gek!' Dan kon ik hem net zo goed in de krant laten afdrukken.

Ik deed mijn slaapkamerdeur op slot en ging op mijn bed zitten. Vanuit Het Rattenpaleis klonk geritsel. Mijn rat Tammy duwde haar neusje tegen het glas.

'Strakjes, lieffie.' Ik zette de thee op het nachtkastje, legde de envelop op mijn bovenbeen en streek hem glad.

Wat kon er in hemelsnaam in die brief staan? Iets wat Stanley niet recht in mijn gezicht durfde zeggen...

Het schoot als een bliksemflits door me heen: HIJ WIL HET NATUURLIJK UITMAKEN!

Ik stond, nee zát, ineens stijf van de zenuwen. Openmaken. Niet openmaken. De envelop leek plotseling op een eng insect. Op dat moment brulde mijn jongste zusje Carlijn vanaf de overloop: 'Fay, telefoon!'

Uitstel van executie. Vlug schoof ik de envelop onder mijn kussen en liep naar beneden.

Het was Marscha.

'Groot nieuws, Fay! We krijgen een hondje!' ratelde ze in mijn oor. 'Hij is van mijn vaders collega geweest, maar nu mogen wij hem hebben. Gaaf, hè? Bertje, zo heet-ie. Het hondje, bedoel ik...' Ze viel eindelijk stil. 'Hallo, ben je er nog?'

'Ja,' zei ik afwezig.

'Iets enthousiaster mag ook wel, hoor.'

'Sorry. Het is echt heel leuk.'

'Is er iets?' Zelfs door de telefoon kon Marscha mijn gedachten lezen.

Ik vertelde van de brief. 'En nu ben ik bang dat Stanley geen verkering meer wil.' Alleen al bij het idee kreeg ik tranen in mijn ogen.

'Bestaat niet,' zei Marscha lief. 'Wie wil er nou geen verkering met jou? Weet je wat? Ik kom er meteen aan. Niet openmaken voordat ik er ben!'

Tien minuten later zat ze hijgend naast me op mijn bed. Ik ritste de envelop open en...

Mijn vingers trilden te erg. 'Lees jij hem maar.'

Ik gaf de brief aan Marscha en staarde naar een punt op de muur. Alsjeblieft, laat het niet waar zijn, alsjeblieft.

Geritsel van papier.

'Waar slaat dat nou weer op?' Marscha klonk boos en verbaasd tegelijk.

'Stanley?' Ik durfde nog steeds niet te kijken.

'Nee, het is een soort dreigbrief.'

'Dreigbrief?' De haartjes in mijn nek gingen overeind staan.

Marscha las hem met een onheilspellende stem voor: '*Pas maar op dat je geen sterallures krijgt! Want anders...*'

Nu trok het kippenvel ook nog over mijn rug. 'Want anders wat?' (Ik had laatst een maffiafilm gezien waarbij een hele familie werd neergeknald.)

'Tja, dát staat er niet bij.' Marscha legde het papier op mijn schoot. Ik gleed met mijn vinger over de bobbelige letters. Ze waren niet geschreven, maar uit een tijdschrift geknipt en opgeplakt.

'Misschien komen ze wel uit Glow.'

'Welke idioot gaat er nou in Glow knippen?' riep Marscha verontwaardigd.

Alsof dat nóg crimineler was dan een dreigbrief sturen!

Ik peuterde aan de s van sterallures. 'En welke idioot richt die brief nou aan mij?'

Marscha knikte. 'Ze hadden hem beter naar Marie-Fleur kunnen sturen, díé heeft pas sterallures. Heb je haar gezicht gezien na dat filmpje? Man, wat was ze jaloers dat jij tekst had.'

'Vrouw,' zei ik.

Marscha keek me ineens met grote ogen aan en fluisterde: 'Wie weet heeft zíj het wel gedaan.'

'Marie-Fleur?' Ik tikte tegen mijn voorhoofd.

'Dat kan best, hoor. Sommige mensen moorden zelfs uit jaloezie!' Marscha raakte helemaal op dreef. 'Of het is een wraakactie omdat je haar het nummer van Xavier hebt ontfutseld.'

Hallo, en wie had dat verzonnen?

Marscha zuchtte. 'Jammer dat je haar niet op heterdaad betrapt hebt, dan hadden we tenminste bewijs.'

Wat was ik toch een sufferd. 'Misschien heeft Evi de bezorger gezien!'

**Problemen met je lijf,
je lover of je ouders?
Vraag Manja om raad!**
(Ook anonieme brieven
worden beantwoord)

Lieve Manja,
Ik heb een akelige brief gekregen. Zonder afzender. Weet jij hoe ik
erachter kan komen wie hem heeft verstuurd?
Liefs van Fee

Lieve Fee,
Het schrijven van anonieme brieven is strafbaar. (Behalve als je ze
naar mij stuurt, natuurlijk.) Meestal heeft de schrijver kwade bedoe-
lingen, of wil hij/zij een flauwe grap met je uithalen. Je kunt hoog-
stens je oren en ogen goed openhouden, maar de kans dat je erach-
ter komt wie zoiets doet, is klein. Ik zou zeggen: vergeet het. Komen
er nog meer brieven en voel je je bedreigd, vertel het dan aan je ou-
ders en schakel desnoods de politie in. Hopelijk blijft het bij deze
ene keer!
Liefs van Manja

Chinezen

Evi zat op mijn bureaustoel als een koningin op een troon. (Normaal gesproken was mijn kamer verboden terrein voor mijn zussen.)

'En, was het een liefdesbrief?' vroeg ze. De nieuwsgierigheid droop van haar gezicht.

'Nou, nee...' begon Marscha.

Ik wipte ongeduldig met mijn voet. 'Heb je gezien wie hem in de bus heeft gestopt?'

Evi knikte! Ik schoof meteen naar het puntje van mijn bed.

'Het was een meisje,' zei ze.

'Zie je wel.' Marscha stak haar handen in de lucht. 'Marie-Fleur!'

'Nee hoor, die was het niet.' Evi zette zich af met haar voet en liet de stoelzitting ronddraaien.

Marscha deed haar armen weer omlaag. 'Wie dan wel?'

'Weet ik veel,' zei Evi. 'Een onbekende.'

Pfff, ik voelde me meteen tien kilo lichter. 'Hoe zag ze eruit?'

Evi schokschouderde. 'Gewoon.'

'Had ze geen bijzondere kenmerken?' Marscha voelde aan haar bovenlip. 'Een snor of een haakneus of zo?'

'Jemig, is dit een kruisverhoor?' Evi stopte de stoel en plantte haar voeten op de grond.

'Toe nou, Eef,' smeekte ik. 'Het is echt heel belangrijk.'

Evi dacht na. 'Ze had bruin haar.'

'Half Nederland heeft bruin haar.' Marscha liet zich teleurgesteld achterover op mijn bed vallen.

Toen pas drong het tot me door: Evi had al die tijd geweten...

'Waarom zei je dat die brief van Stanley kwam?' vroeg ik pissig.

'Dat heb ik niet gezegd, hoor,' zei ze. 'Alleen dat het een liefdesbrief was, maar dat was een geintje.'

Heel geestig, maar niet heus.

'Je wordt bedankt,' snauwde ik en ik wapperde met mijn hand.

'Hoepel dan nu maar weer op.'

'Nou moe,' sputterde ze. 'Ik zal je nog eens helpen.' Ze beende met grote passen naar de overloop.

'Deur dicht!' schreeuwde ik.

Hij viel met een klap in het slot.

'Ach ja, het is in elk geval nog aan met Stanley,' zei Marscha.

Gelukkig wel! Ik haalde Tammy uit Het Rattenpaleis en legde haar als een bontkraagje in mijn hals.

'Kunnen ratten eigenlijk met honden opschieten?' vroeg Marscha.

Oh ja. Bertje.

'Vast wel.' Ik ging op de nog warme bureaustoel zitten en sloeg mijn benen over elkaar.

'Die collega van mijn vader gaat een jaar lang in Peking werken,' vertelde Marscha. 'Maar in zijn appartement daar mag hij geen huisdieren houden. Dus heeft hij gevraagd of wij Bertje willen adopteren.'

Ik grinnikte. 'Het klinkt net alsof je het over een baby hebt.'

'Nee, een kleuter,' zei Marscha ernstig. 'Bertje is al vier.'

Ik viste een yoghurtdrop uit de zak in mijn bureaula en voerde hem aan Tammy. 'Waarschijnlijk heb je zijn leven gered. In China eten ze hondenvlees.'

'Jakkie!' riep Marscha verschrikt. 'Ik haal nooit meer babi pangang!'

'Daar zit geen hond in,' suste ik. 'Alleen maar varken.'

'Eigenlijk ook best zielig.' Marscha veegde een pluk haar uit haar gezicht. 'Misschien moet ik maar vegetariër worden.'

'En helemáál nooit meer bitterballen eten?' zei ik ongelovig.

Marscha was meteen stil. Drie weken onthouding vond ze al een opgave. Ze was net zo verslaafd aan bitterballen als Tammy aan yoghurtdrop.

'Wat voor soort hond is het eigenlijk?' vroeg ik.

'Vuilnisbakkenras.'

'Heb je geen foto bij je?'

Marscha schudde haar hoofd. 'Ik heb hem zelf ook nog niet gezien. Mijn vader zegt dat hij chocoladebruin is.'

'En dan ga jij hem zeker blauw verven?'

'Haha.' Marscha kon niet meer stilzitten en wipte op en neer op mijn bed. 'Ik neem hem mee naar DST, dan kan hij meedoen in de soap.' Ze neuriede de begintune van Lassie.

'Misschien wil oom Rien geen hond in zijn strandtent.'

Ze wuifde mijn woorden weg. 'Heus wel, die kijkt niet zo nauw.'

Ik trok met mijn vingers mijn ogen tot spleetjes. 'In tegenstelling tot de Chinezen.'

SMAKEN VERSCHILLEN

De een vindt oesters een delicatesse, de ander zegt dat ze naar snot smaken. Sommige mensen kun je wakker maken voor in knoflook bereide slakken, andere worden al misselijk bij het idee. Ben jij het type: wat de boer niet kent, dat eet hij niet? Of lijk je eerder op een proefkonijn en sta je open voor verrassingen? Lees wat Glow je voorschotelt en gruwel of geniet....

De hond in de pot

In Azië is hondenvlees een belangrijk bestanddeel van veel traditionele gerechten. Op grote fokkerijen worden puppy's negen maanden vetgemest om vervolgens in de pan te verdwijnen. In China koken ze soep van de sint-bernard en in Korea eten ze in augustus graag boshingtang, een stoofpotje van hondenvlees. Het klinkt ons gruwelijk in de oren. Maar wij doen natuurlijk hetzelfde met koeien, varkens en kippen.

Aan het spit

In landen als Ecuador, Bolivia en Peru vinden ze cavia's om op te vreten. Ze rijgen de cuy (spreek uit als: koei) aan het spit en roosteren hem. Hij wordt opengevouwen en nog compleet met oogjes, oren, tanden en nageltjes opgediend. Je eet de huid, de dijbeentjes en voorpootjes. Die schijnen naar gebakken speklapjes te smaken. Raar? Ach, in Nederland eten we ook konijnen.

Met de Franse slag

In de Franse cuisine worden kalfshersens en pens (ja, wat wij aan de hond voeren) als een delicatesse beschouwd. Ook de foie gras is wereldberoemd. Deze ganzenlever is de duurste en vetste leversoort die er bestaat. Hij wordt gemaakt door ganzen twee tot drie keer per dag (meestal met een luchtdrukpomp) vol te proppen met graan. Bepaald geen pretje! Veel chef-koks vinden foie gras een smakelijk en bijzonder gerecht. Maar wie het op de kaart zet, is natuurlijk gewoon een domme gans.

Allemaal beestjes

Een schaal vol termieten, gebakken sprinkhanen of sappige meelwormen? Dan is het in Afrika smikkelen en smullen geblazen. Geroosterde insecten zijn met hun nootachtige smaak een prima borrelhapje. Geen trek in een insectensnack? Dan kun je ook een krokodil proberen. Hij is net zo stevig als vlees, maar er zit een vissig smaakje aan.

Honger gekregen? Of denk je er nu hard over om vegetariër te worden?
Hoe dan ook. Glow wenst je smakelijk eten!

Hondenweer

Toen we de volgende dag weer in DST zaten, liet ik meteen de brief zien.

'Belachelijk.' Tim klopte onhandig op mijn schouder. 'Jij hebt helemaal geen sterallures.'

'Marie-Fleur wel,' zei Marscha.

'Denk je dat zij hem heeft gestuurd?' vroeg Kimberley geschrokken. 'Ik hoorde wel dat ze aan Pierre vroeg waarom zíj geen tekst had in het filmpje, maar...'

'Heeft ze dat écht gevraagd?' Marscha bleef er bijna in.

'Marie-Fleur heeft hem niet bezorgd,' zei ik. 'Het was een meisje met bruin haar.'

Karin balde haar vuisten. 'We zullen háár eens sterretjes laten zien!'

'Moet je wel eerst weten wie het is.' Marscha strekte haar nek en tuurde rond of ze iemand met een kloppend signalement zag. Ze leek op een giraffe die de savanne afspeurt naar leeuwen.

'Vergeet het maar, er zijn miljoenen meiden met bruin haar,' rapte Said.

Ik plukte aan het papier en zuchtte.

Stanley streek met zijn wijsvinger over de rimpel in mijn voorhoofd. 'Said heeft gelijk. Je moet er maar niet meer aan denken.'

Alsof ik mijn hersens met een knopje kon uitzetten.

Maar toen gaf hij me een zoen die minstens drie minuten duurde en dat werkte precies als zo'n knopje: ik kreeg acuut een aanval van geheugenverlies.

Tot Marscha riep. 'De televisiekus van de eeuw!'

Shit. Ik was ook vergeten dat Pierre ons stond te filmen.

Marie-Fleur kwam de Strandtent binnen. Met een uitgestoken arm, alsof ze wilde dat we haar hand gingen kussen. 'Kijk,' zei ze trots. 'Van mijn vader gekregen.'

Om haar vinger zat een gouden ring met een joekel van een steen.

Karin dook er als een ekster op af. 'Is hij echt?'

'Natuurlijk is hij echt,' antwoordde Marie-Fleur nuffig. 'Mijn vader heeft de diamant speciaal in Antwerpen laten slijpen.'

Said floot tussen zijn tanden. 'Flinke boksbeugel.'

'Is dat ding niet zwaar?' vroeg ik.

Marscha grinnikte. 'Nou! Straks groeit je vinger nog scheef.'

'Pas maar op dat je hem niet kwijtraakt.' Oom Rien keek een tikkeltje bezorgd. 'Als ik zo'n dure ring had, zou ik hem in de kluis leggen.'

'Maar dan ziet niemand hem!' riep Marie-Fleur. Ze legde haar hand met de ring tegen haar wang en glimlachte in de camera.

'Even wachten, mop. De film is op.' Pierre liep naar zijn spullen. 'Kimberley! Laat je handjes eens wapperen.'

Ik keek naar zijn bolle rug. *Superbabe* stond er op zijn shirt.

Superbaby was beter geweest.

's Middags viel de regen ineens met bakken uit de lucht. De ramen waren beslagen en de wind loeide door het luchtrooster in het plafond. Binnen was het gezellig en lekker warm onder de filmlampen.

Pierre hield zijn camera op Marscha gericht. Ze kalkte een bierviltje vol hartjes met *Bertje* erin.

Karin ging over de tafel hangen, zodat ze het beter kon zien. 'Een nieuwe liefde?' vroeg ze verlekkerd. 'Waar heb je hem ontmoet?'

'Ik ga hem nog ontmoeten,' zei Marscha. 'Morgen zie ik hem voor het eerst.'

'Een blind date, dus.' Ik hield mijn gezicht met moeite in de plooi.

'Spannúnd!' riep Karin. 'Via internet zeker?'

Tim tekende een zoenend stelletje in zijn schetsboek. Het meisje leek precies op Marscha, van de jongen zag je alleen de achterkant.

'Ik begrijp niet dat je ouders dat goedvinden.' Marie-Fleur klonk zelf als een moeder. 'Voor hetzelfde geld is die Bertje een enge verkrachter.'

Karin giechelde. 'Of heeft hij puisten en flaporen.'

Nou ja, zeg! Ik keek naar Stanley, die achter de bar stond. Wat was er nou mis met een paar puistjes?

Said draaide aan zijn petje. 'Is hij bruin of wit, een loser of een hit?' rapte hij. 'Jong of bejaard, kaal of behaard?'

'Bertje is nog bruiner dan jij,' antwoordde Marscha. 'Hij heeft gigantisch veel borsthaar en ook nog van die heerlijk harige benen.'

'Gatver!' riep Marie-Fleur.

'Er groeit zelfs haar uit zijn oren,' zei ik.

Iedereen staarde Marscha vol afgrijzen aan.

Behalve Tim. Hij had aan de voeten van het zoenende stelletje een hond getekend. 'Is dit hem soms?'

Marscha en ik knikten in stereo.

'Oooooh,' zei Karin.

'Who let the dogs out? Woef, woef.' Said prikte met zijn vingers gaatjes in de lucht. Precies op de maat.

'Heeft hij een stamboom?' Marie-Fleur natuurlijk. Volgens mij had bij haar thuis alles een merk of een stamboom. Zelfs de butler.

'Wat maakt dat nou uit?' zei Marscha kattig. 'Als hij maar lief is.' Ze haalde een reclamedrukwerkje van een dierenwinkel uit haar kobaltblauwe rugzak. 'Kijk, dit lag gisteren in de bus.' Ze wees naar een foto van een rieten mandje, waarmee je een hondje op de fiets kon vervoeren. 'Als ik dat koop, kan ik Bertje mee naar DST nemen! Mag hij gezellig achterop.'

Safira kwam met een schaal bitterballen uit de keuken en ging rond.

'Jammie!' riep Karin.

'Ik hoef niet,' zei Marscha.

'Ben je ziek?' vroeg Safira verbijsterd.

Nou en of! dacht ik. Ze lijdt aan hondsdolheid.

QUIZZZZ

Huisdieren zijn leuk. Als je een schattige puppy of een snoezig jong katje
ziet, zou je ze meteen mee naar huis
willen nemen. Maar vergeet niet: dieren
zijn geen speelgoed! Ze zijn afhankelijk
van jouw zorg. Test daarom eerst uit of
jij wel een goed bazinnetje bent.

**1. Je hond moet dringend uitgelaten worden, maar net op dat mo-
ment belt je vriendin. Wat doe je?**

a. Ik zeg dat ik haar straks terugbel, ná mijn rondje met Bello.

b. Ik zorg ervoor dat we minder lang aan de telefoon hangen dan
normaal.

c. Bello kan het best nog even ophouden. Mijn vriendin is toch
zeker nóg belangrijker?

**2. Je konijn is ziek, maar je moet van je moeder toch naar school.
Hoe voel jij je?**

a. Ik haal een onvoldoende voor mijn proefwerk, want ik kan alleen maar aan Flappie denken.

b. Ik probeer me op mijn werk te concentreren, maar ga na school
meteen naar huis.

c. Mijn moeder zorgt heus wel goed voor Flappie, dus waarom
zou ik me druk maken?

3. Ai! Je kat heeft een vogeltje te pakken. Hoe reageer je?

a. Het is nu eenmaal zijn natuur, dus kan ik het moeilijk verbieden.

b. Ik probeer het vogeltje af te pakken en Felix met brokken te verleiden.

c. Ik geef Felix een oplawaai. Ik ben een dierenvriend, dus moet
hij van vogeltjes afblijven!

4. Wat verwacht jij van je huisdier?

a. Dat ik met hem kan knuffelen en spelen, zodat ik me nooit meer alleen voel.

b. Af en toe wat gezelligheid, en het is natuurlijk mooi meegenomen als hij er cool uitziet.

c. Dat hij voor zichzelf kan zorgen, zodat ik ook tijd heb voor andere leuke dingen!

Heb je vooral voor a gekozen? Dan boft een huisdier met jou. Je zult hem vast en zeker als een baby vertroetelen. Omdat je graag actief met hem bezig bent, kun je het beste voor een hond kiezen. Wedden dat jullie goede maatjes worden?

Heb je vooral b gekozen? Dan kun jij prima voor een huisdier zorgen, maar je vindt het wel fijn als het niet ál te veel tijd kost. Per slot van rekening heb je nog meer hobby's! Een hamster of kat zijn het meest geschikt. Die kunnen best een poosje alleen zijn en hebben wat minder aandacht nodig dan bijvoorbeeld een hond.

Heb je vooral c gekozen? Dan kun je maar beter geen huisdier nemen. Het lijkt misschien leuk, maar als je elke dag zijn hok moet verschonen, gaat de lol er snel af. En het is toch niet de bedoeling dat je ouders de verzorging voor hun rekening nemen? Wil je toch per se wat leven in huis? Neem dan een goudvis. Maar denk eraan: ook die moet je geregeld voeren.

Heb je zowel a als b als c gekozen? Jij bent een dierenvriend, maar beseft ook dat er bij het houden van een huisdier heel wat komt kijken. Begin er niet aan, zolang je twijfelt! Je kunt ook naar de dierentuin of kinderboerderij gaan. Of af en toe met de hond van je vriendin of oma stoeien. Dan heb je wel de lusten, maar niet de lasten.

Weetje van Glow:
Uit onderzoek is gebleken dat mensen mét huisdieren gelukkiger zijn dan mensen zonder huisdieren. Ze leven zelfs langer!

Jaloers

Op zaterdagochtend scheen er een waterig zonnetje en zat het terras bomvol. Ik slalomde met mijn dienblad tussen de stoelen door. 'Nou ja,' hoorde ik ineens naast me. Het klonk als een trage bandopname.

Kimberley dus.

'Wat?' vroeg ik.

Haar hand ging in slow motion naar haar mond en ze fluisterde: 'Die man daar, met die hamsterwangen. Weet je wat hij zei?' Haar stem werd een octaaf lager. 'Die lui kunnen beter in Zeezicht gaan filmen. Vorig weekend was er een opa-en-oma-dag en morgen speelt er een bandje. Maar hier... nul komma nul actie.'

'Belachelijk!' In mijn hoofd draaide zich een filmpje af. Over een hamsterhoofd dat droop van de koffie. Helaas moesten we van oom Rien altijd beleefd tegen de klanten blijven.

En trouwens...

Ik keek naar de rest van de cast. Marie-Fleur lakte haar nagels en Tim krabbelde in zijn schetsboek. Karin hing als een dweil in haar stoel en gaapte. Said was in slaap gevallen, met de dopjes van zijn mp3-speler nog in zijn oren.

Toegegeven: niet bepaald een actiefilm.

Straks zou iedereen denken dat DST de saaiste strandtent van de eeuw was.

'Dus gaan we iets organiseren,' zei ik. 'Net als toen met het aardbeienfeest.'

'Weer een missverkiezing!' riep Marie-Fleur meteen.

'Hè, nee.' Tim tikte met zijn potlood op zijn schetsboek. 'Een graffitiwedstrijd is veel gaver.'

Marie-Fleur blies met een tuitmondje haar babyroze nagels droog. 'Mijn vader sponsort het programma, dus...'
'Je kunt het ook combineren,' zei Stanley. 'Met bodypainting hebben jullie allebei je zin.'
'Jaaaa!' Saids ogen vlogen open, hij zag er ineens klaarwakker uit. 'Ik wil wel een paar meiden versieren.'
'Pardon?' vroeg Karin.
'Alleen maar met verf, schatje,' zei Said vlug.
Pierre grinnikte vanachter zijn camera.

Ik ging naar de keuken om Safira te helpen.
Ze keek chagrijnig naar de klok. 'Waar blijft Marscha nou?'
'Die kan natuurlijk geen afscheid van Bertje nemen.' Ik spoot een toef slagroom op een ijsje en zette er een wafeltje in.
'Heeft ze nou alweer een nieuw vriendje?' vroeg Safira hoofdschuddend. 'Dat kind verslijt ze aan de lopende band.'
'Bertje is haar nieuwe hóndje,' legde ik uit. 'Ze komen hem deze ochtend brengen.'
'Een hond. Nog erger!' Safira poetste driftig het aanrecht. 'Rotbeesten, dat zijn het! Ze poepen en piesen alles onder en je kunt ze voor geen meter vertrouwen. Ik ben een keer door een rottweiler in mijn knie gebeten... tien hechtingen!'
'Rotbeesten bestaan niet,' zei ik nijdig. 'Alleen maar rotbaasjes.'
Ik griste het ijsje mee en verdween naar het terras.

Stanley stond tegen de balustrade geleund. Naast hem zat een meisje in een skatebroek met honderd ritsjes. Ze balanceerde met losse voeten gevaarlijk op het randje. Sinds wanneer kende Stanley zittende koorddanseressen? Door haar enorme bos rastahaar kon ik haar gezicht nauwelijks zien. Maar haar hand des te beter! Ze legde haar vingers op Stanleys arm, en intussen bleef ze maar kletsen.
Jemig, wat hadden die twee het gezellig samen, zeg!

Ik leverde het ijsje af, waarbij ik heel toevallig Stanley passeerde. Nou moe, hij zag me niet eens! En tot overmaat van ramp deed hij ook nog zijn scheve lachje, naar háár!

Er flitsten allerlei scenario's door me heen. Haar een zetje geven zodat ze achterover zou kukelen. Zeggen dat ze met haar poten... Stel je niet aan, dacht ik. Praten is nog lang geen zoenen.

Langzaam liep ik terug naar de ingang van DST, met mijn ogen zo ongeveer achter op mijn hoofd geplakt.

Eindelijk! Stanley kwam met zijn lege dienblad mijn kant op. Ik probeerde gruwelijk hard om er niet jaloers uit te zien.

'Hee, een toverfay,' zei Stanley tegen me.

Ik beet op mijn lip. Normaal doen. Niks laten merken. Zeker niet met die stomme camera op mijn neus.

Maar mijn tong had een eigen willetje.

'Wat moest je bij die griet?' flapte ik eruit. Het klonk alsof er een te strak elastiekje om mijn keel zat.

'Gewoon.' Stanley keek me verbaasd aan. 'Ik ken haar nog van vroeger.'

Hoe vroeger? dacht ik. Van de peuterspeelzaal of van de disco?

'Je bent toch niet jaloers?' Stanley gaf me een kusje, dat ergens bij mijn oor belandde. 'Ik ben stapelgek op jóú, hoor.'

Wauw, wat was hij lief. En ik een achterdochtig kreng!

Hij aaide mijn wang en liep toen naar de bar. Ik ging ook naar binnen en botste bijna tegen Kimberley op.

'Het heeft vast niets te betekenen, hoor,' zei ze met een knikje naar het rastameisje aan de andere kant van het raam. 'Stanley is hartstikke verliefd op je.'

Dus zij had het ook gezien!

'Weet ik ook wel,' zei ik vinnig.

Ik had er meteen spijt van. Kimberleys poppenogen werden vochtig en ze keek alsof ik haar geslagen had.

Ik legde vlug mijn hand op haar arm. 'Maar het is aardig dat je het zegt.'

HEB JIJ DAT NOU OOK?
Glow-thema van de week: jaloezie

grrrrr

Het groene monster

Je hebt een vriendje en wilt graag zijn on-
verdeelde aandacht. Maar dan kijkt hij
net iets te lang naar die ander en – bam! –
het groene monster neemt bezit van je. Je
maag draait zich om en je hoort het bloed
in je oren gonzen. Je tenen staan krom in
je schoenen. Je kunt háár ogen wel uit-
krabben en zou je vriendje het liefst aan
de ketting leggen (voor altijd huisarrest op
jóúw kamer). Kortom: je bent stinkend jaloers.

Wat nu?

Vraag jezelf eerst af of je jaloezie wel terecht is. (Vóórdat je je vriendje met verwijten om de oren slaat.) Misschien doet hij niets verkeerds
en komt het jaloerse gevoel door je eigen onzekerheid. Denk je vaak
dat andere meiden vast leuker zijn dan jij? Hallo-ho, hij heeft niet
voor niets verkering met jóú! Maak een lijstje met redenen waarom
je vriendje juist jou heeft uitgekozen. Dat kan helpen om je zelfvertrouwen te vergroten. Gevolg: je bent minder bang om je vriendje te
verliezen en ziet andere meiden niet meer meteen als een groot gevaar.

Niet doen!

Gek van jaloezie? Ga dan niet elke keer zitten zeuren waar je
vriendje geweest is en wie hij gezien heeft en wat hij gedaan heeft.
Je bent zijn gevangenisbewaarder niet! Jullie zullen er alleen maar
ruzie door krijgen en je loopt kans dat hij steeds minder zal vertellen om van jouw gezanik af te zijn. Of nog erger: hij krijgt het zo
benauwd dat hij het alsnog uitmaakt! En dat was nou net niet de bedoeling.

Vreemdgaan

Heeft je vriendje met een ander gezoend, dan is het natuurlijk logisch dat je ziedend jaloers wordt. In dat geval moet je de fout juist niet bij jezelf zoeken. Dat je vriendje zich eikelig gedraagt, ligt niet aan jouw tekortkomingen. Het zegt alles over hém. Je kunt erover praten, en hem nog een kans geven. Dit betekent wel dat het een tijdje zal duren voordat hij je vertrouwen terugwint. Kiest hij dan nog niet alleen voor jou en wil jij dat wel, dan is er maar één oplossing: maak het uit! Tja, het zal misschien even pijn doen, maar het is beter dan ziek worden van jaloezie.

Bertje

Tim kwam de keuken binnen. Ik was net de vaatwasser aan het inruimen.

'Pauze,' zei hij met een brede grijns. 'Marscha is er, mét Bertje.'

Wat was er zo lollig? Ik zette het laatste kopje in het rek en liep nieuwsgierig achter hem aan.

Marscha stond bij de bar te stralen.

'Hier is hij dan.' Ze maakte een breed gebaar, alsof ze een Ferrari aanprees. 'Bertje, dit is Fay.'

Bertjúúúú?

Hij was zo groot als een kalf. Die zou never nooit niet in een fietsmandje passen.

'Wat een reus.' Pierre deed een stapje achteruit. 'Alleen zijn kop is al beeldvullend.'

'Het is dat hij een riem om heeft,' zei Karin. 'Anders wist ik niet eens waar zijn kop zát.'

Marie-Fleur knikte. 'Je mag hem wel eens laten trimmen.'

'Ik ga voortaan elke dag met hem trimmen.' Marscha klopte de hond op zijn rug. 'Lekker langs het strand, hè Bertje?'

'Ik bedoel de hondenkapper, suffie.' Marie-Fleur harkte haar eigen lange, blonde haren naar één kant. 'Mijn moeder weet vast wel het adres van een goede trimsalon.'

'Ga dan maar vast opslag aan oom Rien vragen,' adviseerde Stanley.

Woef! deed Bertje.

'Ja, je krijgt drinken,' antwoordde Marscha, die blijkbaar ineens honds kon verstaan. Ze gaf een rukje aan de riem en liep met Bertje naar de keuken.

'Hè?' Ze kreeg de deur met het patrijspoortje niet open.

Safira verscheen als een poppenkastpop achter het raampje. 'Hij komt er niet in,' zei ze. 'Hondenharen zijn vreselijk onhygiënisch.'

'Maar Bertje stikt van de dorst!' riep Marscha verontwaardigd.

'Ogenblikje.' Safira's hakken tikten op de keukenvloer.

Marscha snoof.

'Alle koks zijn allergisch voor haren,' suste oom Rien.

Stanley knikte. 'Toen ik nog bij Happy Corner werkte, moest ik altijd zo'n belachelijk papieren mutsje op.'

'Misschien kun je Bertje een blauwe hoofddoek omdoen,' zei ik tegen Marscha. 'Dan scoor je vast bij Safira.'

'Niks hoofddoek. Een muilkorf!' Safira zette de deur op een kier en stak een plastic emmertje met water naar buiten. 'Hier.'

Marscha keek naar het etiket. 'Heb je het wel goed schoongemaakt?' vroeg ze bezorgd. 'Er heeft mosterd in gezeten. Extra pittige.'

Hot dog Bertje, dacht ik.

'Wat sta jij nou te gniffelen?' mopperde Marscha.

Bertje lag achter de bar te slapen. In de keuken kletterden borden en werden kastjes hardhandig open- en dichtgedaan.

Stanley kwam met brood en omeletten naar buiten. 'Marscha is nog behoorlijk aangebrand.'

'Beter Marscha dan de eieren,' zei ik.

Ik laadde mijn dienblad vol glazen en liep achter Stanley aan, naar het terras.

Pfff. Het meisje met het rastahaar was verdwenen.

Ik zette de cola op het tafeltje bij de cast. En ijsthee voor Kimberley en Pierre.

'We doen toch geen bodypainting,' zei Karin tevreden.

'Maar wel een verkiezing!' Marie-Fleur glimlachte in de camera.

Said knikte. 'We hebben iets vet cools bedacht, Bertje heeft ons op het idee gebracht.'

Tim hield zijn schetsboek omhoog en liet het ontwerp voor een flyer zien: *Lookalike-contest: welk baasje lijkt het meest op zijn hond?*

'Dat zal Safira niet leuk vinden,' zei Kimberley zacht.

Karin haalde haar schouders op.

Ik dacht aan Marscha. 'Zou er ook blauwe kleurshampoo voor honden bestaan?'

Stanley grinnikte. 'Ik zei het toch: bodypainting.'

Problemen met je lijf, je lover of je ouders? Vraag Manja om raad!
(Ook anonieme brieven worden beantwoord)

Lieve Manja,
Ik ken iemand die vreselijk bang is voor honden. (Ze is een keer door een rottweiler gebeten.) Weet jij een manier om haar van haar angst af te helpen?
Groetjes van een dierenvriendin

Lieve dierenvriendin,
Zet nooit zomaar ineens een hond voor haar neus! Dan zal ze meteen in de stress schieten. Kies voor een voorzichtige aanpak:
Stap 1: Ga samen met haar OP VEILIGE AFSTAND een hond observeren. Praat over de hond en laat haar vertellen waar ze zo bang voor is.
Stap 2: Hoe vaker/langer ze naar de hond kijkt, hoe meer ze eraan gewend raakt. Daardoor zal haar angst een tikkeltje afnemen.
Stap 3: Laat de hond stukje voor stukje dichterbij komen. Bouw dit rustig op en laat haar zelf aangeven wat ze wel en niet aandurft. Forceer dus niets!
Stap 4: Is de angst voldoende gezakt, dan is ze toe aan een echte ontmoeting met de hond. Misschien durft ze hem voorzichtig te aaien. Zorg er wel voor dat er geen onverwachte dingen gebeuren, want dan kan ze opnieuw bang worden. Alleen succeservaringen kunnen een einde maken aan haar hondenfobie!
En als dit allemaal niet lukt, kun je nog altijd een professionele therapeute inschakelen.
Good luck!
Manja
P.S. Dit werkt ook bij fobieën voor andere dieren, zoals spinnen of muizen

Au!

'Volgens mij is Marscha niet lekker,' zei Marie-Fleur. 'Ze zit al een uur op de wc en doet niet open.'

Misschien was ze flauwgevallen van de honger! Haastig liep ik met Marie-Fleur naar de betegelde wc-ruimte. Ze wees naar de achterste deur, waarvan het knipje op rood stond.

'Hé!' riep ik. 'Gaat het een beetje?'

Arme Marscha. Ik hoorde haar overgeven en meteen moest ik zelf bijna kokhalzen. Gelukkig róók ik het niet ook nog. Alleen maar de dennengeur van de toiletverfrisser.

'Doe eens open!' Ik bonsde bijna een deuk in de deur.

'Jaja.' Marscha trok door, draaide het slot om en kwam naar buiten.

Ze zag er niet misselijk uit.

'Ben je ziek?' vroeg Marie-Fleur, die met één hand aan de deurpost ging hangen.

'Hoe kom je daar nou bij?' snauwde Marscha.

'Hallo, we hoorden je kotsen,' zei ik.

'Komt het door dat broodje zalm?' vroeg Marie-Fleur. 'Ik vond ook dat er een raar smaakje aan zat.'

Marscha had een broodje gegeten!

'Maak je niet druk,' mompelde ze. 'Ik voel me kiplekker.' Ze duwde de wc-deur achter zich dicht. Nou ja, bíjna dicht. Helemaal ging niet, want er zat iets tussen.

Marie-Fleur krijste ineens alsof ze werd vermoord.

'Mijn vi-hinger,' snikte ze. Het bloed trok uit haar gezicht en haar ogen schoten vol tranen.

'Oeps, sorry.' Marscha pakte zenuwachtig de hand met de gekneusde vinger vast.

'Niet aankomen!' schreeuwde Marie-Fleur.

De deur van de wc-ruimte ging open en de hele cast en crew van *Peeping DST* probeerde tegelijk binnen te komen. Pierre met zijn camera voorop.

Zelfs op de wc zijn we niet meer veilig, dacht ik.

'Wat is er loos?' vroeg Tim.

Marie-Fleur liet haar vinger zien. Hij ging steeds meer op een opgezwollen worstje lijken. De ring met de diamant snoerde in haar vel.

'Je moet hem eraf zagen,' adviseerde Said.

'Haar vinger?' vroeg Karin met schitterogen.

'Haar ring, schatje,' zei Said geduldig.

Tim knikte. 'Mijn oom heeft een keer met zijn hand tussen het autoportier gezeten. Dik dat hij werd! Omdat hij zijn trouwring omhad, kon het bloed daar niet verder stromen. Uiteindelijk hebben ze zijn ringvinger moeten amputeren.'

Er ging een rilling door mijn lijf.

'Heb je een kniptang?' vroeg Stanley kalmpjes aan oom Rien.

'Ik laat mijn ring niet kapotknippen!' Marie-Fleur legde haar hand beschermend over de diamant heen.

'Mijn moeder gebruikt in zulke gevallen olie als glijmiddeltje,' zei Kimberley verlegen.

We gingen in optocht naar de keuken. Safira liet net een paar kroketten in het frituurvet zakken. 'Wat heeft dit te beteke...'

'Marie-Fleur heeft met haar vinger tussen de deur gezeten,' zei ik.

Marscha was de voorraadkast al in gedoken en kwam terug met een fles. Ze draaide de dop eraf en schonk een klets olie over de ring.

Stanley begon aan het sieraad te trekken.

'Auwauwau,' kermde Marie-Fleur.

De ring schoof een stukje omhoog.

'Tank nog eens bij,' zei Stanley.

'Maar dan wel boven de gootsteen,' mopperde Safira.

We verhuisden met zijn allen naar het aanrecht. Marscha oliede weer bij en na nog wat voorzichtig wrikken, schoot de ring van Marie-Fleurs vinger.

'Bedankt!' riep ze blij.

'En nu ijs erop,' zei Marscha op het toontje van een verpleegster.

'Bij de bar.' Stanley hield de deur met het patrijspoortje open en daar gingen we weer.

Bertje werd wakker en kwam overeind.

'Marie-Fleur is gewond,' legde Marscha aan hem uit.

Stanley zette de bak met ijsklontjes op een barkruk en Marie-Fleur stak haar hand erin.

Marscha knikte tevreden. 'Zo moet je vijf minuten blijven staan.'

'Maar dan vriest mijn hand eraf,' zei Marie-Fleur.

Karin straalde. 'Moeten ze toch nog amputeren.'

.

DIAMONDS ARE A GIRL'S BEST FRIEND

Glow rekende zich voor één dag rijk en nam een kijkje in de wereld van blingbling

Ontembaar

Diamant is een doorzichtig kristal en het hardste materiaal dat in de natuur voorkomt. Je kunt ermee slijpen, boren, snijden en polijsten en… het natuurlijk cadeau geven. Of nog beter: krijgen! De naam komt van het Griekse *Adamas*, wat ontembaar of onoverwinnelijk betekent.

Ook voor jongens

Jongens en mannen die vroeger ten strijde trokken, droegen vaak een diamant bij zich. Of het nu Romeinse soldaten waren of ridders in de middeleeuwen; ze dachten allemaal dat zo'n glinstersteentje hen beschermde en voor een overwinning zou zorgen.

Hebberig

Als je over diamanten droomt, schijnt dat te betekenen dat je in de toekomst succes zult hebben. Ook wordt beweerd dat een diamant een zuiverende werking heeft en energie uitstraalt. Maar pas op: als je te hebzuchtig bent, kan de energie van een diamant zich tegen je keren en een negatieve uitwerking hebben. Gevolg: een grotere kans op ongelukken.

Wel even sparen

Er zijn niet alleen sieraden met diamanten te koop. De lingerieketen Victoria's Secret kwam met de sexy splendor fantasy bra: een bh met 2900 kleine diamantjes, 22 robijnen en 1 reuzendiamant van 101-karaat. Over blingbling gesproken! En wat dacht je van de iPod Nano met zijn diamanten beschermhoesje van 10.000 euro? Tja, het is wel even sparen…

Ekster

Marilyn Monroe zong er al over: *diamonds are a girl's best friend.* Maar voor de meeste meiden is al die glitter niet weggelegd. Tenzij je een miljoen met de lotto wint of een miljonair aan de haak slaat. Heb je geen geld en ben je toch net als een ekster gek op glimmende stenen? Ga dan voor nep. Voordeel: als je je ketting verliest, ben je niet meteen failliet.

In de ban van de ring

'Ik heb geen gevoel meer in mijn hand,' mopperde Marie-Fleur, toen ze hem uit het ijs haalde.

Marscha floot bewonderend. 'Maar hij is wel mooi blauw.' Ze hield er de mouw van haar hemelsblauwe truitje naast om te zien hoe het kleurde.

'Ik wil je best in de diepvrieskist opsluiten, hoor,' zei Karin tegen Marscha. 'Lekker een uurtje blauwbekken en gegarandeerd resultaat.'

Said zette meteen een rapversie van het smurfenlied in.

'Lachen jullie maar,' zei Marie-Fleur verongelijkt, terwijl ze haar zere vinger met moeite bewoog.

Ik gaf haar een troostend klopje op haar schouder. 'Hij is gelukkig niet gebroken.'

Marscha knikte. 'Je moet je ring maar zolang aan je andere hand doen.'

Marie-Fleur keek om zich heen. 'Waar is hij eigenlijk?'

'Ik heb hem in de keuken op het aanrecht gelegd,' antwoordde Stanley.

Maar de ring lag niet op het aanrecht. En ook niet op de vloer of de vaatwasser of het gasfornuis.

'Misschien is hij in de frituur gevallen,' bedacht Tim.

Marie-Fleur haalde ineens heel raar adem.

'Bertje vindt hem wel,' zei Marscha snel. 'Honden kunnen heel goed zoeken.'

Safira deed haar mond al open om te protesteren.

'Dit is een noodgeval,' zei oom Rien.

'Jij bent de baas.' Safira voelde aan het litteken op haar knie.

'Maar dan hou ík even pauze.' Ze installeerde zich met een kop koffie in de voorraadkast.

'Waarom gaat ze niet gewoon aan de bar zitten?' vroeg Tim verbaasd.

Ik wist wel waarom. De voorraadkast was hondenproof.

'Van hieruit kan ik een oogje in het zeil houden,' riep Safira.

Een oortje, bedoelde ze, want in de kastdeur zat geen glas.

Marscha leidde Bertje aan zijn riem de keuken in. Ze leek wel een circusartieste die de piste in kwam voor haar hondenact.

Dat vond Said blijkbaar ook; hij roffelde met zijn vingers op het aanrechtblad.

Met een groots gebaar maakte Marscha de riem los. 'Zoek, Bertje, zoek!' spoorde ze hem aan.

Hij hield zijn kop scheef en staarde haar niet-begrijpend aan.

'Dat wordt dus niks.' De onderlip van Marie-Fleur trilde.

'Je moet hem natuurlijk eerst aan je hand laten ruiken,' zei Karin. 'Anders weet hij niet welk luchtje hij moet volgen.'

'Een ring heeft toch geen geur?' vroeg ik.

'In detectivefilms doen ze het ook altijd.' Karin sleepte Marie-Fleur mee en duwde de zere vinger onder Bertjes neus. Zijn staart ging meteen als een antenne omhoogstaan.

'Zie je wel?' Karin juichte.

Bertje verzette geen poot, hij snuffelde alleen aan Karins benen.

'Nou, ik zie het.' Tim haalde een stift uit het borstzakje van zijn bloes en tekende een ring met een fonkelende diamant op een servetje. 'Misschien is hij visueel ingesteld, net als ik.'

Hij liet de tekening aan Bertje zien.

Hap! Bertje plofte met het servet op de grond, zette zijn poten erop en scheurde het met zijn tanden in stukken.

'Ik denk niet dat Bertje detectivebloed heeft,' zei Stanley. 'Hij wil alleen maar spelen en eten.'

Eten!

Ik haalde een knakworstje uit de koeling en wierp het op de

grond. Bertje veranderde meteen in een soort stofzuiger en slokte het op. Daarna begon hij de rest van de keukenvloer af te speuren.

'Hup, Bertje!' moedigde iedereen hem aan.

Hij snuffelde aan de vuilnisbak en duwde zijn neus tussen de kratten met lege flessen. Woef!

'Ja!' gilde Marscha en ze duwde hem opzij.

'En?' riep Safira vanuit de voorraadkast.

Er lag geen ring, alleen maar een frietje. Bertje viel er gulzig op aan.

'Geef het maar op, dit wordt een flop,' rapte Said.

'Tja.' Oom Rien wreef door zijn dunne haar. 'Ik ben bang dat je hem inderdaad niet meer terugvindt.'

Marie-Fleur slikte en slikte.

'Je vader koopt vast wel weer een nieuwe voor je,' zei ik.

Foute opmerking! Ze liet zich op de mayonaise-emmer zakken en sloeg haar handen voor haar gezicht. 'Vijfhonderd euro,' fluisterde ze en toen barstte ze in tranen uit.

Bertje likte troostend aan haar knie. Marscha staarde beteuterd naar de gekneusde vinger en ik aaide onhandig over Marie-Fleurs blonde haar.

'Boehoehoe!' snikte ze.

'Heeft er iemand een zakdoek?' vroeg Kimberley. Haar poppenogen keken nóg hulpelozer dan normaal.

Said stak zijn hand in de zak van zijn trainingsjack. Zijn zakdoek floepte naar buiten en…

Pling!

We keken allemaal geschrokken naar de grond. Daar lag DE RING MET DE DIAMANT!

Problemen met je lijf, je lover of je ouders? Vraag Manja om raad!

(Ook anonieme brieven worden beantwoord)

Lieve Manja,

Een van mijn vrienden had laatst ineens een kostbare ring in zijn zak zitten. De ring van iemand anders! Hij zegt dat hij niet weet hoe hij daar gekomen is en dat hij hem heus niet gepikt heeft. Ik wil hem graag geloven, maar het is wel een raar verhaal. Bovendien werd hij ook nog eens vuurrood! Weet jij hoe je kunt zien of iemand liegt?
Groetjes van een Private Investigator

Lieve Private Investigator,

Sommige mensen beweren dat je aan iemands lichaamstaal kunt zien of hij liegt. Wanneer iemand tijdens het praten aan zijn neus voelt, zou hij niet de waarheid vertellen. Maar misschien heeft hij wel gewoon jeuk! En als iemand bloost of gaat hakkelen, kan dat net zo goed van de schrik zijn. Hij wordt al zenuwachtig van het idee dat anderen zouden kunnen dénken dat hij de dader is. Als je vriend gespannen overkomt, wil dat dus nog niet zeggen dat hij liegt. Ga liever op eerdere ervaringen af. Heeft hij ooit iets gedaan waardoor je nu gaat twijfelen? En bedenk: iemand is onschuldig tot het tegendeel bewezen is. Stel je voor dat jij ten onrechte van iets verdacht wordt en zelfs je vrienden geloven je niet! Dat is de ultieme nachtmerrie.
Groetjes van Manja

Hmpf

Ik wist niet dat je kon blozen als je een donkere huid had, maar Said zag vuurrood.

'Dat had ik nooit van je gedacht,' zei Tim hees.

'I-Ik...' Said was al zijn rapteksten vergeten.

'Ik ga het tegen mijn vader zeggen.' Marie-Fleur stikte bijna in haar woorden. 'En dan geven we je aan bij de politie en mag je ook niet meer meedoen in de soap.'

'Ik heb het niet gedaan!' riep Said met overslaande stem.

'Natuurlijk niet.' Karin schoot met haar ogen laserstralen op ons af. 'Wat een gemene grap, zeg. Wie heeft die ring in zijn zak gestopt?'

Iedereen zweeg ongemakkelijk.

'Je denkt toch niet dat het iemand van ons is?' Kimberley kromp in elkaar bij het idee.

De voorraadkast ging op een kier.

'Is er iets?' vroeg Safira.

'Ze denken dat Said de ring van Marie-Fleur gestolen heeft,' antwoordde ik.

Bij het woord 'denken' keek Said me dankbaar aan.

Ik raapte de ring op en gaf hem aan Marie-Fleur. 'Nou ja, je hebt hem in elk geval terug.'

Hmpf, deed ze.

Marscha ging als een strenge meesteres voor Said staan. 'Heb je hem echt niet gepikt?'

'Nee.' Said voelde aan zijn neus alsof hij bang was dat die net als bij Pinokkio groeide.

Karin sloeg haar arm om zijn middel. 'Stelletje mooie vrienden zijn jullie. Hoe durven jullie Said zomaar te beschuldigen?'

'Hallo.' Marie-Fleur schoof de ring om de vinger van haar gezonde linkerhand. 'Hij viel uit zíjn zak en Said is ook gek op gouden kettingen.'

'Misschien is de ring van het aanrecht geschoven en toevallig in zijn zak terechtgekomen,' opperde Stanley.

Ik wenste dat het waar was.

Said knikte zo hard dat zijn hoofd er bijna afviel. 'Als ik wist dat hij in mijn zak zat, zou ik toch niet zo met mijn zakdoek zwaaien?'

'Tja.' Tim wreef door zijn haar en sloeg Said toen op zijn schouder. 'Sorry, maat. Maar het leek even...'

Marscha aaide Bertje. 'Het was een misverstand. Laten we het nou maar vergeten.'

We knikten allemaal, alleen Marie-Fleur zat weer te hmpfen.

'Ik ga aan het affiche beginnen,' zei Tim. 'Als jullie dan de flyer afmaken.'

Said en Karin liepen samen met hem de keuken uit.

'Ik zou maar op het tafelzilver letten,' mompelde Marie-Fleur tegen oom Rien. Toen klikklakte ze op haar hakjes driftig achter de anderen aan.

'Fantastisch filmmateriaal, mop,' fluisterde Pierre tegen Kimberley.

Ik kon de camera wel uit zijn handen slaan.

Marscha maakte kangoeroesprongen in de wc-ruimte.

'Wat ben jij nou aan het doen?' vroeg ik.

'De spiegel hangt zo hoog.' Ze gaf het op en ging met haar rug naar me toe staan. 'Zie jij of mijn kont al dunner is?' vroeg ze nog nahijgend. Ze knikte door haar knieën en stak haar billen achteruit. Nou ja, wat er nog van over was.

'Straks heb je geen kont meer, alleen maar botten. Je broek zakt nu al bijna af.' Ik keek naar de donkerblauwe string die boven haar broeksband uitpiepte. 'Je moet echt niet meer lijnen, hoor.'

'Jaja.' Ze ging weer rechtop staan, hees haar truitje op en trok aan haar dunne blote vel. 'Nog twee kilootjes en dan stop ik.' Kreun! 'Jongens vallen niet op skeletten.'

'En al helemaal niet op dikke meiden.' Ze liet haar truitje weer zakken. 'Trouwens, ik heb toch een broodje gegeten? Met vette zalm nog wel.'

Ja, en daarom zwom die nu in de riolering van de wc.

MAG HET EEN ONSJE MEER ZIJN?

Volgens je vriendin heb je een prachtig figuur, maar jij vindt jezelf op miss Piggy lijken.
Wat nu? Diëten of lekker dooreten?
Wik en weeg met Glow!

BMI

Aan je Body Mass Index kun je zien of je een gezond gewicht hebt. Je hoeft alleen maar te weten hoeveel je weegt en hoe lang je bent. Verder is het een kwestie van je hersens of een rekenmachientje gebruiken.

Doe de som

lichaamsgewicht : (lengte x lengte)
Ofwel: deel je lichaamsgewicht door je lengte in het kwadraat.

Voorbeeldje

Stel: je weegt 60 kg en hebt een lengte van 1,70 cm.
a. 1,70 x 1,70 = 2,89
b. 60 : 2,89 = 20,8
c. Je Body Mass Index = 20,8

En de uitslag is...

Je BMI is lager dan 18,5:   *ondergewicht*
Je BMI is 18,5 – 25:   *gezond gewicht*
Je BMI is 25 – 30:   *licht overgewicht*
Je BMI is 30 – 35:   *overgewicht*
Je BMI is 35 – 40:   *stevig overgewicht*
Je BMI is hoger dan 40:   *zwaar overgewicht*

De verschillen

Let op: deze berekening is alleen maar een richtlijn! Hij houdt geen rekening met je leeftijd (voor heel jonge kinderen is hij niet geschikt) of je geslacht (meiden hebben meestal een hogere BMI dan jongens).

Inbreker

'Ik kan niet knippen met mijn zere vinger,' zei Marie-Fleur klagerig.

De tafel lag bezaaid met papieren met hondenartikelen, die Marscha uit de computer had gedraaid. We wilden een paar plaatjes voor de flyer gebruiken.

'Dan doe ik het wel.' Karin stak haar hand al uit.

Said duwde hem weer naar beneden en hield haar pols vast. 'Veel te gevaarlijk, schatje.'

(Karin was vreselijk onhandig en had al vaker in haar vingers geknipt.)

'Nou!' Marscha legde haar armen beschermend om Bertje heen. 'Straks vallen er nog gewonden.'

'Heus niet.' Karin probeerde zich los te wringen, maar Said was sterker.

'Hé Marie-Fleur, geef de schaar even deur,' rapte hij.

Ze reageerde niet en tuurde hevig geïnteresseerd naar de foto van een hond met een kluif.

Eerst dacht ik nog dat ze Said niet had gehoord. Sommige mensen kunnen zich zo goed concentreren dat je een kanon kunt afschieten zonder dat ze het merken.

'De schaar!' herhaalde Said op het volume van een stadsomroeper.

Toen wist ik het zeker. Ze negeerde hem expres.

'Zeg even tegen Marie-Fleur dat ze haar oren moet laten uitspuiten!' riep Karin tegen Tim.

Tim keek haar afkeurend aan. Toen griste hij de schaar bij Marie-Fleur vandaan en sjoelde hem over de tafel naar Said. 'Komt-ie!'

Pierre nam een close-up van Said, die met op elkaar geklemde kaken een plaatje uitknipte.

Marscha had de film *Beethoven's 5th* gehuurd. 'Komen jullie vanavond kijken?' vroeg ze aan Stanley en mij.
'Hij is wel een beetje kinderachtig,' zei ik.
Marscha kriebelde Bertje tussen zijn oren. 'Het was de enige die ik kon vinden met een hond erin.'
'Ik kan niet.' Stanley schepte ijsblokjes in een glas. 'Mijn oma is jarig en ze is dol op pukkelige kleinzonen.'
Verstandige oma!
'Maar jij toch wel? In mijn eentje is er niks aan.' Marscha pakte mijn hand vast. 'Blijf je meteen gezellig slapen.'

Dus zaten we 's avonds op Marscha's kamer en keken naar Beethoven. Tenminste, dat probeerden we, maar Bertje stond telkens voor het beeld.
'Binnenkort kom jij ook op tv en word je wereldberoemd,' zei Marscha trots.
Haar moeder kwam chips en sinas brengen. Marscha nam één chipje en voerde de rest aan Bertje.
'Ik zie, ik zie...' Ik tuurde in mijn glazen chipsschaaltje, zoals een waarzegster in haar bol. '...een moddervette hond en een meisje met het figuur van een soepstengel.'
'Bertje is niet dik!' riep Marscha gepikeerd.
'Nog niet. Maar als je zo doorgaat, winnen jullie die lookalike-wedstrijd dus nooit.' Ik staarde naar haar wespentaille. 'Straks breek je nog doormidden.'
'Zeur toch niet zo.' Marscha zette haar lege schaaltje met een klap neer. 'Het is míjn lijf.'
'En je bent míjn vriendin,' zei ik boos. 'Ik wil niet dat je anorexia krijgt!'

Stanley lag naast me in het zand en gaf me een zoen. Een hele natte en...

Ik werd wakker. Of misschien droomde ik nog, want mijn wang was écht nat en ik voelde Stanleys haren tegen mijn neus kriebelen. Jemig, wat stonk hij uit zijn mond!

Toen drong het pas tot me door. Ik was niet op het strand maar in Marscha's kamer. Bertje dweilde voor de tweede keer mijn gezicht met zijn tong.

'Viespeuk.' Ik duwde hem opzij en ging rechtop zitten.

Bertje zette zijn zware poten op mijn benen en jankte.

'Ssst, anders maak je Marscha ook nog wakker.' Ik keek naar de lichtgevende wekkerradio op het nachtkastje. Het was drie uur 's nachts.

Bertje walste over me heen en liep naar de deur. Hij jankte opnieuw, heel klaaglijk.

Shit, hij moest natuurlijk plassen.

'Marsch,' fluisterde ik toen toch maar.

Ze gaf geen sjoege. Haar dekbed leek net een molshoop, waar ze heel diep in was weggekropen.

Bertje piepte en begon aan de deur te krabben.

'Oké, oké, ik kom al.' Met tegenzin ritste ik de slaapzak open en stapte eruit. Ik trok mijn sokken aan en liep half op de tast om Marscha's bed heen.

'Zachtjes,' zei ik tegen Bertje, voordat ik de deurklink naar beneden duwde.

Boven het trapgat brandde een lampje. Bertje holde voor me uit, de overloop over en de trap af. Het was maar goed dat hij zelfs haar ónder zijn poten had. Dat werkte als een geluiddemper.

Ik sloop achter hem aan. Nog vier treden, nog drie...

Toen gebeurde het: IK HOORDE IEMAND KUCHEN EN HET KWAM VAN BENEDEN!

Het leek alsof mijn hersens uit mijn kop knalden. Om drie uur 's nachts kon dat maar één ding betekenen. Een inbreker! Daarom was Bertje natuurlijk wakker geworden. Honden hadden net zulke gevoelige oren als wolven.

Terug naar boven! gilde een stem in mijn hoofd.

Goed idee. Marscha's vader was sterker dan ik.

Ik ging een treetje hoger staan. Mijn knieën knikten en mijn zweterige hand plakte aan de leuning. Nog een treetje.

Toen klonk er een akelig piepend geluid.

Bertje! Hij had met zijn snuit de deur tussen het halletje en de kamer opengeduwd.

'Hier,' fluisterde ik.

Maar hij glipte de kamer al in.

Inbrekers namen soms giftige worsten mee om honden uit te schakelen! Als Bertje doodging, zou Marscha...

Mijn benen gingen de trap al af. In het halletje, onder de kapstok met jassen, stond een paraplu. Niet bepaald een bazooka, maar het was beter dan niks. Je kon er in elk geval mee slaan én steken. Ik pakte het handvat stevig vast. Dapper zijn! Denk aan Bertje!

Met een bonzend hart liep ik de donkere, stille woonkamer in. Wat een mazzel dat ik de paraplu bij me had! Ik gebruikte hem als blindenstok en manoeuvreerde veilig tussen de kast en de bank door.

Vanuit de keuken kwam een zacht lichtschijnsel. Een zaklamp, natuurlijk.

Ik haalde diep adem en stapte over de drempel, klaar om keihard te gaan gillen...

Huh?

Het licht kwam niet van een zaklamp maar uit de geopende koelkast. Bertje lag op de vloer en knauwde op een worstje. De keukentafel stond vol met kaas en koude pannenkoeken en een pot augurken en jam en hagelslag en brood. Er zat geen inbreker achter, maar Marscha. Ze propte drie plakjes gekookte ham tegelijk in haar mond.

**Problemen met je lijf,
je lover of je ouders?
Vraag Manja om raad!**
(Ook anonieme brieven
worden beantwoord)

Lieve Manja,
Mijn vriendin wil zo graag dun worden dat ze overdag bijna niets
meer eet. Laatst heeft ze wel een broodje gegeten, maar toen moest
ze ervan overgeven. En 's nachts heeft ze soms zoveel honger, dat ze
bijna de hele koelkast plundert. Volgens mij heeft ze een eetstoornis.
Wat moet ik doen?
Girly

Lieve Girly,
Als je vriendin een eetstoornis heeft, zal ze dat niet zomaar toegeven.
Omdat ze ergens ook wel voelt dat het niet klopt, doet ze er juist van
alles aan om het verborgen te houden. Probeer het toch bespreek-
baar te maken. Wordt ze telkens boos als jij erover begint en wil ze
het echt niet met jou over haar eetproblemen hebben, dan zit er
maar één ding op: schakel een volwassene in. Je vriendin zal het je
misschien niet in dank afnemen, maar dat is van latere zorg. Haar
gezondheid staat op het spel en ze heeft dringend deskundige hulp
nodig!
Manja

Lookalike

'Vraag even aan Marie-Fleur of ze de flyers heeft gekopieerd,'
zei Karin tegen mij.
Ik piekerde er niet over. Marie-Fleur stond naast haar!
'Wie gaat ze uitdelen?' Marie-Fleur haalde een dikke stapel pa-
pier uit haar tas.
'Geef er maar een stel, dan doe ik het wel,' rapte Said.
Marie-Fleur was weer ineens doof en staarde bewonderend naar
de flyers.
Tim rukte ze uit haar handen en gaf ze aan Said. 'Jullie doen al
net zo debiel als mijn ouders,' zei hij geïrriteerd. 'Voordat ze
gingen scheiden.'
Karin keek weer naar mij. 'Zeg maar tegen Marie-Fleur dat ik
ook van haar ging scheiden als ik met haar getr...'
Het adertje op Tims slaap werd zo dik als een telefoonsnoer.
'Kappen!'
Ai! Karin beet op haar lip, maar ze durfde niets meer te zeggen.
Niemand van ons, trouwens. We waren zwaar onder de indruk,
want Tim werd bijna nooit kwaad.
Alleen Bertje trok zich nergens iets van aan. Hij duwde zijn
neus tegen Marscha's kuiten en blafte.
'Ik doe het strand wel,' zei Marscha zacht. 'Dan kan ik meteen
Bertje uitlaten.'
Ik knikte. 'En ik ga met Marscha mee.'
'Dan nemen wij de boulevard.' Said verdeelde de flyers onder
het toeziend oog van de camera.

'Marsch,' zei ik, zodra we alleen waren.
'Je gaat niet weer lopen zaniken, hoor,' mopperde ze. 'Mijn oren
doen nog zeer van vannacht.'

Nee, ik had een heel andere tactiek bedacht. Marscha luisterde toch niet. Na het inruimen van de koelkast was ze meteen in bed teruggekropen en had haar rug demonstratief naar me toe gedraaid: einde gesprek. Deze keer zou ik met keiharde bewijzen komen!

'Hier.' Ik gaf haar een artikel over eetstoornissen, dat ik had uitgeknipt.

'Wat zei ik nou?' riep ze toen ze de kop las.

'Ik zanik niet, ik geef je alleen maar een cadeautje.'

Ze wilde het papier al verfrommelen.

'Ik heb het uit Glow geknipt,' zei ik snel.

Alles wat uit Glow kwam, was heilig voor Marscha. Ze stopte het artikel in de zak van haar rokje en er kon zowaar een glimlachje af.

Het was alleen niet voor mij bedoeld...

'Moet je daar kijken, wat een lekkertje.' Ze haalde een flyer van de stapel en wandelde op hem af. 'Hé, jongen!'

Ik moest mezelf knijpen om het te geloven: het lekkertje leek als twee druppels water op Bertje! Hij was net zo breed als mijn kleerkast en bijna twee meter lang. Op zijn chocoladebruine hoofd torende een gigantisch afrokapsel met van die fijne krulletjes. Volgens mij was hij de afgelopen tien jaar niet meer naar de kapper geweest.

En het werd nog gekker!

Zodra de jongen op zijn vingers floot, kwam er een hazewind aangerend. Wat een spriet, zeg! Ik kon zijn ribben tellen. Zijn gladgeschoren blonde vel had een blauwige gloed.

Marscha gaf de flyer aan de jongen.

'Als jullie van hond ruilen, winnen jullie allebei!' riep ik.

WHAT'S EATING YOU?
Alles over eetstoornissen

Anorexia
Wat is het?
Meiden met anorexia zijn
op een ziekelijke manier bezig
met afvallen. Het beheerst hun
hele leven.
Hoe komt het?
Sommige meiden denken
dat ze er net zo uit moeten
zien als de graatmagere
modellen in glossy's. Anderen zijn bang om volwassen te worden.
Bovendien geeft het een lekker gevoel van macht.
Hoe kun je het herkennen?
Iemand met anorexia is vaak somber of zelfs depressief. Ze zal eet-
situaties mijden. Of ze verstopt haar eten stiekem in een servet, zodat
jij denkt dat ze normaal gegeten heeft. Ook draagt ze meestal tentjur-
ken, zodat niemand kan zien dat er een wandelend skelet onder zit.
Wat nu?
Als er niet op tijd wordt ingegrepen, kan anorexia dodelijk zijn! Soms
is een ziekenhuisopname noodzakelijk, en in elk geval therapie en/of
medicatie.

Boulimia
Wat is het?
Meiden met boulimia hebben enorme vreetbuien. Daarna krijgen ze
spijt en steken hun vinger in de keel. Of ze gebruiken laxeermiddelen.
Hoe komt het?
Ze zijn onzeker en hebben een negatief zelfbeeld (ze zijn meestal
helemaal niet dik, ze dénken het alleen maar).
Hoe kun je het herkennen?
Dat is lastig, want een meisje met boulimia propt zich meestal vol als

niemand het ziet. Ze troost zich met eten. Daarna voelt ze zich zo schuldig dat ze alles weer uitbraakt.

Wat nu?

In extreme gevallen kan ook boulimia dodelijk zijn. Hoe sneller er ingegrepen wordt, hoe beter!

Dwangmatig eten

Wat is het?

Iemand eet de hele dag door en raakt in paniek als er geen eten in de buurt is.

Hoe komt het?

Deze meiden zijn verslaafd aan eten, vaak al van jongs af aan. Niet omdat ze trek hebben, maar om van hun onvrede af te komen (wat natuurlijk niet lukt). Ze vinden nieuwe situaties al snel spannend en eng. Hun dikheid kan een veilig gevoel geven, omdat ze zich erachter kunnen verschuilen. Ze denken: als ik maar dik en lelijk genoeg ben, hoef ik ook niet bang te zijn dat er een jongen verliefd op me wordt.

Hoe kun je het herkennen?

Dwangmatige eters zijn veel te zwaar (maar niet alle dikke mensen zijn dwangmatige eters!). Vaak denken ze slecht over zichzelf en gaan zichzelf steeds meer verwaarlozen. Ze wassen zich bijvoorbeeld niet meer of trekken alleen nog oude kleren aan. Ten slotte kan het al een opgaaf zijn om uit bed te komen.

Wat nu?

Er is sowieso medische zorg nodig omdat overgewicht kan leiden tot hartklachten, suikerziekte en allerlei andere problemen. Daarnaast zal de behandeling uit diëten en therapie bestaan.

Gloweetje:

Na elke maaltijd overgeven is niet alleen vreselijk ongezond maar ook nog slecht voor je tanden. Het braaksel tast het glazuur aan. Straks ben je misschien wel dun, maar zit je met een kunstgebit. Nog een reden om te stoppen dus!

Briefje 2

'Hij heet Brian.' Marscha zuchtte gelukzalig. 'Zijn haar is zo gaaf en zijn ogen... Net twee diepe, donkere meren.'

Diepe, donkere meren??? Ze moest dringend naar de elektroshocktherapie!

'Brian is dus echt de allerleukste jongen die ik ken,' zei ze.

'Je hebt drie minuten met hem gepraat!' Ik zuchtte ook, maar dan van vermoeidheid.

'En Haas is ook vet cool,' vervolgde Marscha onverstoorbaar.

'Alleen maar cool,' verbeterde ik. 'Hij is net zo mager als jij.'

Woef! deed Bertje. Alsof hij wilde zeggen: ik ben hier wel even hond nummer één!

Stanley moest naar de tandarts.

'Sterkte,' zei ik.

'Kusje voor geluk?' Hij trok me naar zich toe.

Hij smaakte lekker, naar tandpasta. Veel te snel lieten zijn lippen me weer los.

'Tot straks.' Hij verdween door de achterdeur.

'Doeiii!' riep Marscha.

Toen draaide ze zich naar Pierre en verkondigde in de camera: 'Zoenen is heel goed tegen gaatjes. Dat staat in *Glow*.'

Ik liep het terras op en...

Rastahaar-alert! schreeuwden mijn hersens.

Ditmaal balanceerde ze niet op de balustrade, maar zat op een stoel pal naast de deur.

Ik tikte met mijn pen op het blokje van de bestellingen. 'Zeg het maar.'

Ze tuurde met haar katachtige ogen door het raam naar de bar. 'Is Stanley er niet?'

'Nee.' Ik hoopte dat de tandarts héél lang gaatjes moest vullen. 'En hij blijft nog wel een poosje weg, ook.'

'Jammer.' Ze zette haar rugzak op haar schoot en maakte hem open. 'Doe dan maar een ijsthee.'

Ik liep naar de bar en gaf de bestelling door aan oom Rien. Het rastameisje had een schrift op de tafel gelegd en zat geconcentreerd te schrijven.

'Fay!' riep oom Rien.

Oh ja.

Ik zette het glas op mijn dienblad en bracht het weg.

'Bedankt.' Het rastameisje scheurde het blaadje uit haar schrift en vouwde het dubbel. 'Wil je dit aan Stanley geven?'

Mijn zintuigen stonden meteen op scherp. Ik móést het vragen: 'Jullie kennen elkaar van vroeger, hè?'

Ze legde het briefje op mijn dienblad. 'Ook, ja.'

Het bloed gonsde in mijn oren. Hoezo ook?

Ze haalde een piepklein portemonneetje tevoorschijn. 'Kan ik meteen afrekenen?'

Ik zat op de mayonaise-emmer in de keuken en draaide het briefje om en om.

'Lees nou!' drong Marscha aan.

Stel je voor dat iemand stiekem mijn brieven naar *Glow* las. Oeioei, wat zou ik razend zijn!

'Wel eens gehoord van privacy?' vroeg Safira.

Ik keek naar Pierre met zijn rotcamera. Privacy, ho maar.

Marscha haalde haar schouders op. 'Had ze hem maar in een dichtgeplakte envelop moeten stoppen.'

'En als Stanley erachter komt?' Ik wilde geen ruzie.

'Van mij zal hij niets horen.' Kimberley ritste haar mond zogenaamd dicht.

Ik deed net zolang over het dichtritsen van een slaapzak!
'Van jou misschien niet,' zei ik. 'Maar straks komt het wel op tv.'
'Toch zou ik het willen weten.' Marscha sabbelde op een blauwe
haarpiek. 'Wie weet wat er in staat. Voor hetzelfde geld vraagt
die trien verkering aan hem.'
Dat was de limit. Ik vouwde het briefje open.

Lieve Stanley,
Ik moet steeds aan vrijdagavond denken. Vooral aan die fantastische
afscheidszoen. Ik hoop je snel weer te zien.
xxx Daisy

'En?' hoorde ik Marscha roepen. Haar stem klonk heel ver weg.
Ik kon niet meer praten. Mijn tong zat achter in mijn keel geplakt.

Problemen met je lijf, je lover of je ouders? Vraag Manja om raad!
(Ook anonieme brieven worden beantwoord)

Lieve Manja,
Mayday, mayday! Ik denk dat mijn vriend is vreemdgegaan. Ik weet dat ik het eigenlijk moet uitmaken, omdat ik anders over me heen laat lopen. Maar ik wil hem niet kwijt en hij zegt dat hij alleen van mij houdt. Alleen, waarom zoent hij dan met andere meiden?
S.O.S. afz. Me

Lieve Me,
Je weet het dus niet zeker? Voordat je met het servies gaat gooien, zou ik eerst maar eens met je vriend praten. Wat is zijn kant van het verhaal? Misschien is het allemaal een misverstand. Heeft hij zijn jarige buurmeisje op haar wang gezoend en is er door de dorpstamtam een sappig verhaal van gemaakt. Vertel hem wat je hebt gehoord en vraag (rustig) of het echt waar is. Als hij schuld bekent, zul je zelf moeten beslissen of je het uitmaakt of hem toch nog een (laatste!) kans geeft. In het tweede geval: vertel hem duidelijk wat je van zijn gedrag vindt en geef aan dat hij je vertrouwen zal moeten terugverdienen. Ontkent hij alles en heb je toch het gevoel dat hij liegt, vraag dan door. Net zolang tot je hem gelooft. Als je hem blijft wantrouwen, zal jullie verkering namelijk niet lang standhouden. Sterkte!
Afz. Manja

De liefde-of-leugen-test

'Vrijdagavond.' Marscha zat op haar hurken naast me en aaide mijn rug. 'Toen was hij toch naar zijn jarige oma?'

Ik knikte, mijn hoofd leek wel een tientonner. 'Dat zei hij, ja.'

Safira sneed soepgroente met een mes op een plank. 'Mannen die vreemdgaan verzinnen altijd smoesjes.' Na iedere lettergreep klonk het 'tjak' van het mes.

'Stanley heeft nog nooit tegen me gelogen,' fluisterde ik.

Marscha stopte ineens met aaien. Ze kneep.

'Au!'

'Die Daisy-trut is natuurlijk verliefd op Stanley!' riep ze blij, alsof dat goed nieuws was.

'Dat lijkt me wel ja,' zei Safira droogjes. 'Anders zou ze hem niet zoenen.'

'Maar misschien is het niet echt gebeurd!' Marscha sprong overeind. 'Misschien heeft ze dat briefje expres aan Fay gegeven om haar en Stanley uit elkaar te drijven.'

Als dat toch eens waar was! Ik deed meteen drie schietgebedjes naar het plafond.

'Dat zijn wel heel veel misschiens.' Safira liet de groente in de pan plonzen. 'En hoe wilde je daarachter komen?'

'Met de liefde-of-leugen-test!' Marscha danste als een stuiterbal door de keuken. Pierre moest enorm zijn best doen om haar met zijn camera bij te houden.

'Het werkt als volgt: zodra Stanley terugkomt, geef je hem het briefje. Dichtgevouwen, want je hebt geen idéé wat erin staat.'

Mijn wenkbrauwen wipten omhoog.

'Dat hoort bij de test,' zei ze ongeduldig. 'Mogelijkheid één: Stanley reageert verbaasd en laat het briefje meteen aan jou

lezen. Dan is er sprake van ware liefde en is hij onschuldig.'
'En mogelijkheid twee?' Er zat een prop voor mijn stem.
'Dan liegt hij je voor en moet je het uitmaken!' riep ze beslist.
'Als Brian me zoiets zou flikken...'
Hallo! Ze had nog niet eens verkering met hem!

Stanley zag er vreselijk zielig uit.
'Een zenuwbehandeling,' zei hij met zijn hand tegen zijn wang.
Ik kon ook wel een zenuwbehandeling gebruiken. Met trillende handen pelde ik het briefje uit mijn zak. 'Dit moest ik aan jou geven, van eh... een klant.'
Hij glimlachte als een boer met kiespijn. 'Nu al fanmail? We zijn nog niet eens op tv.'
Marscha gaf me een por. 'We weten niet wat erin staat.'
'Nee, dat weet ik niet,' zei ik braaf. Meteen voelde ik de vlammen uit mijn gezicht slaan.
Stanley zag het niet. Hij staarde met een frons in zijn voorhoofd naar het briefje.
Een verbaasde frons? Ik durfde amper nog adem te halen.
Marscha's antennetje werkte meteen, ze pakte mijn hand vast en streelde hem met haar duim.
'En?' Het leek alsof er een spijker in mijn keel zat.
'Niks bijzonders,' zei Stanley. 'Allemaal onzin.'
Allemaal onzin, echode het in mijn oren.
Maar toen propte hij het briefje in zijn broekzak!
'Uitmaken,' fluisterde Marscha, met haar neus in mijn haar.
Ik kneep haar vingers bijna aan gort.
'Kan ik even met je praten?' vroeg ik aan Stanley.
'Zonder camera.' Marscha knikte naar Pierre.
'Sorry, mop, maar we mogen alles in DST filmen. Lees het contract er maar op na.'
'Dan gaan Fay en Stanley nu even wandelen,' zei Marscha.

Zodra Stanley zijn arm om me heen sloeg, veranderde ik in een plank.

'Wat is er nou toch?' vroeg hij.

Hallo, alsof hij dat niet op zijn klompen kon aanvoelen. Nou ja, op zijn sneakers.

Ik bukte, zogenaamd om een schelp op te rapen. Zo, die arm was ik tenminste kwijt.

Stanley ging voor me op zijn hurken zitten en schoof zijn zonnebril omhoog.

Niet in zijn mooie blauwe ogen kijken!

Ik staarde naar een pukkel op zijn neus. Het was nog steeds een van de mooiste pukkels die ik ooit had gezien.

'Heeft het soms met dat briefje te maken?' vroeg hij zacht.

Soms, wel ja! Ik klemde mijn tanden zo stevig op elkaar dat mijn vullingen knarsten.

'Toverfay, zeg nou iets.'

'Als je het toch zo goed weet.' Ik perste de woordjes uit mijn keel.

'Maar ik heb helemaal niet met Daisy gezoend!' riep hij uit.

Haar naam werkte als een rode lap op een stier.

'Je kende haar van vroeger, zei je!' schreeuwde ik. 'Vrijdagavond is niet van vroeger, maar van nu! En ik heb het wel gezien, hoor, toen jullie samen op het terras...' Oh, wat haatte ik hem, ik stikte bijna. 'En jij maar zeggen dat je naar het feestje van je oma moest. Nou, ik trap niet meer in je smoesjes, ik...'

Niet janken, niet janken.

Toen huilde ik toch nog.

Zijn hoofd kwam dichterbij. Zo dichtbij, dat ik wel in zijn blauwe ogen móést kijken. Ik zag zelfs de groene spikkeltjes erin. Wazige spikkeltjes.

'Ik heb écht niet met haar gezoend,' zei Stanley. 'Ik hou toch alleen van jou?'

Hij had het H-woord gezegd!

Ik verloor mijn evenwicht en viel met mijn billen in het zand.
'W-Waarom vertelde je dan niet gewoo-hoon wat er in dat briefje stond?'
Hij gaf me een zakdoek. 'Omdat ik bang was dat je jaloers zou zijn.'
'Ik ben niet jaloe-hoers,' snikte ik.
'Nee, dat merk ik.'
Ik lachte door mijn tranen heen en snoot vlug mijn neus.

EYE-CATCHERS
**Oogstrelende opmaaktips
van Glow**

Kringen en wallen
Heb je een feestje
gehad en is het
nogal een latertje
geworden? Kringen
kun je verdoezelen met
dunne, vloeibare camouflagecrème (zachtjes kloppend opbrengen)
of een camouflagestift. Neem één tint lichter dan je eigen huidskleur.
Wallen kun je laten slinken door er wat aambeienzalf op te smeren
(het best bewaarde geheim van Hollywood, let er alleen wel op dat
je ver genoeg uit de buurt van je ogen blijft!). Maar voorkomen is natuurlijk beter dan genezen: zorg voor voldoende nachtrust en drink
veel water.

Oogschaduw
Kies een kleur die bij je ogen past. Overdag zijn natuurlijke tinten
mooier, maar in de disco mogen je ogen lekker knallen. Goud is gla-
mour. Bij blauwe ogen zorgen roodachtige tinten met een blauwe
ondertoon voor een mega-look. Bruine ogen lijken nóg bruiner als je
koele tinten (zoals blauw of violet) gebruikt. En grijze ogen worden
extra doordringend als je ze lila of gelig kleurt. Groene ogen? Ga dan
voor een oogschaduw in terrakleur!

Kohl
Kohl maakt je ogen extra sprekend. Trek je ooglid naar beneden en
leg het potlood plat op de ooglidrand. Laat het lijntje tot aan je traan-
buisje lopen, en dus niet helemaal tot aan je neus (anders krijg je
zwarte soep in je ogen). Let op: doe dit nooit met eyeliner of een
wenkbrauwenpotlood! Daar zitten geen desinfecterende kohlstoffen
in, zodat je een lelijke oogontsteking kunt oplopen. Vind je het eng
om de binnenrand van je ooglid te kleuren, dan kun je natuurlijk ook

een streepje ónder de rand trekken. Even bijwerken met een watten-staafje en klaar ben je.

Eyeliner

Het is zowel als potlood als in vloeibare vorm verkrijgbaar. Trek een lijn vanuit de binnenooghoek tot halverwege het bovenooglid. Daar-na vanuit de buitenooghoek ook tot halverwege. Span hierbij het ooglid een beetje. Je kunt een eyeliner in dezelfde kleur als je oog-schaduw nemen, maar ook juist een contrasterende kleur gebruiken.

Mascara

Mooie, volle wimpers zorgen voor de finishing touch. Er zijn tegen-woordig allerlei mascararollers op de markt. Waterproof (handig in het zwembad), long lashes (met fluweel of vilt om dunne wimpers een voller effect te geven) of de dramatic look (voor de oogopslag van een filmster.) Borstel je wimpers na het aanbrengen van de mas-cara met een speciaal spiraalborsteltje droog. Anders heb je kans dat ze nog afgeven en lijk je straks op Zwarte Piet.

Over Daisy

'Ik heb drie weken verkering met Daisy gehad,' vertelde Stanley. 'Man oh man, wat was dat verschrikkelijk.'

Verschrikkelijk! dacht ik.

'Ze was vreselijk klef, ik kon nog geen stap zonder haar verzetten. Na een week wilde ze al dat ik haar ouders zou ontmoeten. Volgens mij had ze al een trouwjurk in de kast hangen.'

Ik grinnikte.

'Lach maar.' Stanley pakte een handje zand en mikte het tegen mijn knie. 'Ik zat er mooi mee. En toen ik het eindelijk had uitgemaakt, bleef ze me achtervolgen. Ze wachtte me op bij de Happy Corner en duwde briefjes in de bus.'

'Ik haat briefjes,' zei ik.

Vooral van ex-vriendinnen of over sterallures.

Stanley haalde Daisy's brief uit zijn broekzak en scheurde hem in stukjes. Ze vlogen als sneeuwvlokjes weg in de wind.

'Is het nou weer goed?' vroeg hij.

'Eén dingetje nog.'

'U vraagt, wij draaien.'

'Als je zo'n hekel aan Daisy hebt...' Ik dacht weer aan zijn scheve lachje. 'Waarom zat je dan zo gezellig met haar te kletsen op het terras?'

Stanley legde zijn hand op mijn been. 'Ze zei dat ze er spijt van had dat ze zich zo belachelijk had gedragen, en ik was hartstikke opgelucht dat ze weer normaal deed.'

Ik kreunde. 'Had dat dan meteen gezegd!'

'Je was al jaloers. Als ik ook nog had verteld dat Daisy mijn ex-liefje was...'

Ik gooide een handvol zand in zijn haar.

'Kreng!' Stanley duwde me omver en kwam boven op me liggen.
'Ik word geplet!' schreeuwde ik.
'Eerst genade smeken, dan laat ik je los.'
Ik schudde woest mijn hoofd.
'Genade of een zoen.' Zijn mond kwam dichterbij, zodat zijn
pony als een afdakje boven mijn ogen hing.
Ik zuchtte. 'Doe dan maar een zoen.'
Hij likte mijn lippen alsof het ijsjes waren.

Hand in hand slenterden we terug naar DST.
'Nu al genezen van je tandartsbezoek?' vroeg Safira.
Stanley knikte. 'Fay is net zo bedwelmend als een narcose.'
Marscha keek me vragend aan.
'Je liefde-of-leugen-test klopt niet,' zei ik. 'Er is ook nog een
mogelijkheid drie.'

'Het affiche hangt!' riep Tim. 'Komen jullie kijken?'
Aan de balustrade wapperde een vel van twee bij twee meter.
De laatste zaterdag van september in DST
The super boss-and-doggy-day!
Met een lookalike-contest voor bazige honden en hondse baasjes
Doe mee of kom kijken en stém!
Gratis hotdog voor elke bezoeker
De tekst stond op Bertjes buik. Tim had hem perfect nageschil-
derd, in een regen van sterren en nóg groter dan hij al was.
'Wat mooi.' Kimberley gleed met haar vinger over een ster.
'Zouden honden ook sterallures kunnen krijgen?'
Sterallures. Jakkes, nu moest ik wéér aan het dreigbriefje denken.
Daisy had ook bruin haar!
'Mag ik hem na afloop?' vroeg Marscha aan Tim. 'Dan kan ik
hem boven mijn bed hangen.'
'Moet je wel eerst naar een kasteel verhuizen,' zei Stanley.
'Of bij Marie-Fleur intrekken.' Karin klonk een tikkeltje vals.

GLOWS KOOKTIP VAN DE WEEK
Hotdog van de BBQ

Wat heb je nodig?
8 witte broodjes
1 zakje wijnzuurkool
1 rode paprika
5 eetlepels mayonaise
½ eetlepel mosterd
2 eetlepels olijfolie
1 blik hotdog worstjes
Een barbecue

Hoe maak je het?
1. *Laat de zuurkool uitlekken.*
2. *Haal de zaadjes uit de paprika en snijd de rest in blokjes. Schep de blokjes door de zuurkool.*
3. *Meng de mayonaise met de mosterd tot een romig sausje.*
4. *Bestrijk de hotdog worstjes met de olie en leg ze op de barbecue.*
5. *Snijd de witte broodjes open. Besmeer ze met de mayonaise/mosterdsaus. Leg er de zuurkool met paprikablokjes tussen én een warm hotdog worstje.*
6. *Broodje dichtklappen en meteen serveren.*

Bon appétit!

In therapie

'Een wedstrijd met honden?' riep Safira. 'Over mijn lijk!'

'Het is maar één dag,' suste oom Rien.

Ze stond wijdbeens voor hem en zwaaide met de gasaansteker. Ik verwachtte bijna dat ze 'handen omhoog of ik schiet' zou gaan zeggen, want ze leek precies op een revolverheldin uit een western.

'Dan neem ik die dag dus vrij,' zei ze.

'Maar dan is het juist hartstikke druk.' Oom Rien sjorde zenuwachtig aan zijn werkmansbroek.

Marscha trok de gasaansteker uit Safira's vingers. 'Toe nou, we kunnen echt niet zonder jou.'

De kietelmethode! Ik ging snel aan de andere kant van Safira staan. 'Marscha heeft gelijk, niemand maakt zulke lekkere hotdogs als jij.'

Ik durfde te zweren dat Safira tien centimeter groeide.

'Je zult zien hoe leuk het wordt,' zei Marie-Fleur.

Oom Rien knikte zonder ophouden.

'Grote honden, kleine honden,' rapte Said. 'Breng ze mee, naar DST!'

Safira kromp acuut weer in elkaar. 'Ik haat honden.'

'Haat honden?' Karin keek alsof ze Safira zou gaan bijten.

'Omdat ze bang voor ze is.' Ik vertelde van de rottweiler.

'Tien hechtingen.' Safira liet het litteken op haar knie zien.

Pierre filmde de witte lijntjes van heel dichtbij.

Stanley schraapte zijn keel. 'Vroeger was ik altijd bang voor het paard van Sinterklaas.'

Ik stelde me voor hoe hij er als klein jongetje had uitgezien. Zooo schattig.

'Tot ik een ritje op zijn rug heb gemaakt,' vervolgde hij. 'Toen was ik in één klap over mijn angst heen.'

Karin grinnikte. 'En nu wil je Safira een ritje op Bertje laten maken?'

'Echt niet!' riep Marscha. 'Dan krijgt hij een hernia.'

Ik dacht aan de brief die ik naar *Lieve Manja* had geschreven. 'Ik weet iets veel beters,' zei ik. 'Safira moet in hondentherapie!'

'We zijn er helemaal klaar voor!' riep Marscha vanuit het bargedeelte. Ze stond met Bertje voor de deur met het patrijspoortje.

'Oké, dan gaan we beginnen.' Ik leidde Safira van het aanrecht naar de deur, terwijl de camera ons volgde.

'Kunnen we het niet eerst met een kleiner hondje proberen?' vroeg ze benauwd.

'Er kan niks gebeuren,' suste ik. 'Wij blijven gewoon in de keuken. Je hoeft alleen maar door het raampje te kijken.'

Safira drukte haar neus tegen het glas. 'Wat een monster.' Haar stem trilde.

'Een kóékjesmonster.' Ik kneep geruststellend in Safira's arm. 'Die lusten geen kokkinnen.'

Marscha liep met Bertje heen en weer.

'Zie je nou wel?' Ik probeerde als een echte therapeute te klinken. 'Er is niets aan de hand. Bertje is een goedzak, die doet niemand kwaad.'

'Jaja, dat zei die baas van die rottweiler ook,' mompelde Safira, maar ze was niet meer zo gespannen als eerst.

'Stap twee!' riep ik tegen Marscha.

Ze ging op de grond zitten en knuffelde met Bertje. Hij kwispelde vrolijk en duwde haar met zijn grote lijf omver.

Safira kneep haar ogen dicht.

'Blijven kijken,' zei ik streng. 'Bertje speelt alleen maar.'

Pfff, ze keek weer. Vijf minuten. Tien minuten. Marscha rollebolde met Bertje over de vloer.

Uit Safira's keel ontsnapte een zuchtje. 'Eigenlijk valt het best mee.'

'Goed zo.' Ik gaf haar een schouderklopje. 'Dan gaan we nu oefenen zonder deur tussen ons in.'

Zodra we Safira op het terras hadden geïnstalleerd, keek ze nerveus om zich heen.

'Misschien moet je haar aan de ketting leggen,' stelde Karin voor. 'Zodat ze niet op de vlucht kan slaan.'

'Kan iemand alsjeblieft haar mond even dichtnaaien?' vroeg Safira.

'Ik weet een betere tactiek.' Said plakte zijn lippen aan die van Karin vast.

Marie-Fleur keek in de camera. 'Zoentherapie, daar word je stil van.'

'Het is een realitysoap, hoor,' zei Tim lachend. 'Geen reclamespotje.'

Toen kwam Marscha met Bertje naar buiten en werd Safira ook heel stilletjes.

'Ze gaan naar het strand,' zei ik. 'Jij zit hier lekker hoog en veilig.'

Na een kwartiertje observeren was Safira klaar voor de volgende fase.

'Doe dat straks maar,' zei oom Rien. 'Tafel zes wil een portie bitterballen.'

**Problemen met je lijf,
je lover of je ouders?
Vraag Manja om raad!**
(Ook anonieme brieven
worden beantwoord)

Lieve Manja,
Mijn vriendin neemt haar hond elke dag mee naar de strandtent waar
wij werken. Maar is dat wel een gezonde omgeving voor hem? En
weet jij of honden ook longkanker kunnen krijgen?
Groetjes van een animallover

Lieve animallover
Het is juist goed dat je vriendin hem mee naar haar werk neemt!
Honden zijn gezelligheidsdieren. Ze worden vooral ziek als je ze
vaak alleen laat. Natuurlijk is het wel belangrijk dat ze regelmatig
met hem gaat wandelen. Het strand is de perfecte plek voor wat li-
chaamsbeweging. Verder loopt hij niet meer risico dan jullie. Wordt
het al te rokerig, geef hem dan een plekje op het terras.
Groetjes van Manja

Hap!

Het was na sluitingstijd. Oom Rien ruimde de bar op en Stanley veegde het terras. Marscha en ik hadden samen met Safira de keuken geboend.

'Zo, die blinkt weer als een spiegel.' Safira knoopte haar jas dicht en pakte haar tas.

Ik knikte naar Marscha. 'Hondentherapie.'

Ze floot op haar vingers om Bertje te roepen en verdween alvast naar buiten.

De rest van de cast zat aan een tafel bij het raam. Ze waren bezig met de planning voor de *boss-and-doggy-day*. Tim legde zijn pen neer, bewoog met zijn vingers en mompelde iets over kramp in zijn graffitihand.

'Je moet de tijd er nog bij zetten,' zei Marie-Fleur bazig.

'Woef,' deed Karin.

Meteen ging er een schokje door Safira heen.

'Zal ik haar de mond nog een keertje snoeren?' bood Said aan.

Hij tuitte zijn lippen al en boog zich naar Karin, zodat Pierre de zoveelste televisiekus van de eeuw kon filmen.

Ik vroeg me af of je ook kramp in je tong kon krijgen.

Safira en ik liepen samen de trap af. Zodra ze Bertje langs de branding zag rennen, verstrakte haar gezicht.

'Kom op, doorzetten. Je kunt het.' Ik voelde me net een voetbalcoach. 'Voor je het weet zijn we bij de boulevard.'

Ze trok haar hoofddoek recht en haalde diep adem.

Marscha kwam naar ons toe, met Bertje in haar kielzog.

'Wat is hij wild,' zei Safira zonder hem ook maar een seconde uit het oog te verliezen.

Marscha gaf haar een tak. 'Hier, gooi die maar weg, dan kan Bertje hem halen.'

Safira leek wel een discuswerpster, de tak vloog bijna helemaal tot aan Zeezicht. Bertje holde er met flapperende oren achteraan en wij volgden in een slakkengangetje.

Toen gebeurde er iets verschrikkelijks! Safira knalde ineens keihard voorover en iemand in een joggingpak spurtte voorbij. Ik kon zijn hoofd niet zien, want hij had zijn capuchon op.

'Kun je niet uitkijken?' riep Marscha boos.

'Tas,' kermde Safira, die languit in het zand lag. Ze tilde haar arm op en wees.

Toen zag ik het pas: de jogger had haar tas gepikt!

'Geef terug, rotzak!' schreeuwde Marscha en ze holde achter hem aan.

Ik knielde bij Safira en hielp haar overeind. 'Gaat het?'

'Mijn tas,' zei ze wanhopig. 'Alles zit erin.'

Ik gaf haar een klopje op haar hand. 'Marscha haalt hem wel in.'

Maar Marscha liep steeds langzamer en langzamer. Ze zag eruit alsof ze elk moment kon neerstorten.

'Wat is er gebeurd?' klonk het achter ons.

Stanley! Hij had de bezem nog in zijn hand.

'Safira's tas is gestolen.' Ik knikte in de richting van Zeezucht. 'Die jogger in dat grijze pak.'

Stanley stormde met de omhooggestoken bezem achter de dader aan.

Zorro, de wreker, dacht ik.

'Dat redt hij nooit meer,' mompelde Safira.

Stanley haalde Marscha in. Toen zag hij Bertje lopen en begon te schreeuwen: 'Bertje, pak hem!'

Bertje was een speurhond van niks, maar wel een fantastische boevenvanger! Hij liet de tak uit zijn bek vallen en ging in de hoogste versnelling achter de jogger aan.

Nog tien meter, nog vijf meter. Het was de spannendste wedstrijd die ik ooit had gezien.

Hap! Bertje had een broekspijp te pakken. De dief verloor zijn evenwicht en viel op de grond. De tas gleed weg en de complete inhoud floepte eruit.

'Mijn portemonnee,' stamelde Safira en ze strompelde eropaf.

Bertje had het gevecht met de broekspijp gewonnen en hield het stuk stof als een trofee tussen zijn tanden. De jogger krabbelde meteen omhoog.

'Hou hem tegen!' riep Stanley, nog steeds in volle vaart.

Het leek wel of er een motortje op de jogger zat. Hij nam de trap naar de boulevard met drie treden tegelijk en verdween uit het zicht. Stanley had het nakijken.

Je zou denken dat Marscha minstens een marathon gelopen had. Haar hoofd glom van het zweet en ze hoestte zich suf. 'Sorry, mijn conditie...'

'Vind je het gek?' mopperde ik. 'Als je niet eet.'

Bertje legde de grijze lap stof voor onze voeten.

'Bewijsstuk,' zei Marscha hijgend.

Ik zag Safira al op het politiebureau zitten: 'De dader is dus een man met een gat in zijn joggingbroek.'

Stanley kwam met opgeheven armen de trap af en schudde zijn hoofd.

'De dief is ontsnapt,' zei ik teleurgesteld tegen Marscha. 'Kom, we gaan Safira helpen.'

Ze zat op haar knieën in het zand en stopte haar spullen terug in de tas. 'Alles is er nog!' riep ze opgelucht.

Bertje ging met zijn dikke kont voor haar zitten en blafte goedkeurend.

Ai, dit was ineens therapie van wel heel dichtbij.

Safira bewoog haar mond.

Nu gaat ze gillen, dacht ik.

Maar ze zei volkomen rustig: 'Je hebt een medaille verdiend.'
Toen sloeg ze haar armen om Bertje heen en gaf hem een smak-
kerd op zijn kop!

**Problemen met je lijf,
je lover of je ouders?
Vraag Manja om raad!**
(Ook anonieme brieven
worden beantwoord)

Lieve Manja,
We waren laatst getuige van een tasjesroof. Nu ben ik de hele tijd
bang dat mijn tas ook gejat wordt. Heb jij nog goede tips om dat te
voorkomen?
Vraagtekentje

Lief Vraagtekentje,
Hier komen ze:
1. *Neem zo min mogelijk kostbare spullen of pasjes mee als je de
   deur uitgaat. Alleen datgene wat je echt nodig hebt.*
2. *Pin alleen kleine bedragen. Let erop dat niemand meekijkt als jij
   je code intoetst, en schrijf hem ook nooit ergens op (ook niet in je
   agenda, vermomd als telefoonnummer).*
3. *Je portemonnee kun je het beste in je binnenzak stoppen, achter
   een díchte ritssluiting.*
4. *Let op: zakkenrollers werken vaak met zijn tweeën. Terwijl de een
   je aan de praat houdt, slaat de ander zijn slag.*
5. *Tastips: draag hem niet aan de straatzijde (makkelijke prooi voor
   dieven op de fiets) en zorg ervoor dat de sluiting tegen je lichaam
   rust. Laat hem nooit ergens onbeheerd achter. Ook niet in een pas-
   kamer terwijl jij in de winkel voor de spiegel paradeert.*
*Probeert toch iemand je tas af te rukken? Blijf hem niet koste wat het
kost vasthouden. Gewond raken is nog altijd erger!*
Manja

Het sms'je

En toen was het zover: de *boss-and-doggy-day*. Met zulk stralend weer dat je gemakkelijk in een badpak kon rondlopen.

Maar die gekke Marscha droeg een bruine, harige jas waar ze bijna in verdronk. Pierre filmde haar meteen van top tot teen.

'Is dat echt bont?' vroeg Marie-Fleur.

Ik moest meteen aan doodgeknuppelde zeehondjes denken.

'Echt nepbont.' Marscha aaide de kraag. 'Hiermee ga ik de look-alike-contest winnen.'

'Dat je het uithoudt in dat ding.' Karin had een soort boven-stukje van een bikini aan, maar dan eentje met mouwen. 'Ik pik het nu al af van de hitte.'

'Over afpikken gesproken.' Tim keek ons vragend aan. 'Heeft de politie die tasjesdief nog kunnen vinden?'

Marscha sloeg de jas nog dichter om zich heen alsof ze het koud had. 'Nee, en dat zal wel niet lukken ook. We hebben niet eens een signalement.'

'Behalve dan dat grijze joggingpak,' zei ik.

Een uurtje later leek DST eerder op een hondenasiel dan op een strandtent. Alleen de keuken was verboden terrein, want volgens Safira was ze 'therapeutisch' nog niet toe aan meer honden tegelijk.

Marscha ging voor de zoveelste keer op de balustrade staan en speurde rond. 'Brian zal toch wel komen?'

'Maak je niet druk, de wedstrijd begint pas...' Mijn tong veranderde in een slak.

'Is er iets?' vroeg Marscha.

En of er iets was!

'Daisy.' Ik wurgde het woordje uit mijn keel.

'Waar? Waar?' Marscha leunde zwaar op mijn schouder.

'Daar, dat meisje met dat rastahaar.'

'Met die tekkel?' Marscha wees.

'Niet wijzen,' fluisterde ik.

Marscha deed haar arm weer omlaag. 'Hoe durft ze nog naar DST te komen?'

Ik dacht aan het blowverbodsbord dat sinds kort op de boulevard stond. Waren er ook maar anti-Daisy-borden, dan konden we er een op het terras zetten.

De tekkel kwam met zijn korte pootjes de trap niet op. Daisy moest hem dragen.

'Je zult maar zo'n gestoord bazinnetje hebben,' zei Marscha.

Doodknuppelen, dacht ik.

Marscha sprong van de balustrade. 'Kom, we gaan haar eens even een lesje leren.'

'Doe dat nou nie-hiet.' Ik klemde mijn handen om haar arm. Door de harige mouw voelde die ook als een tekkel. 'Oom Rien wil dat we altijd beleefd tegen de klanten blijven.'

'Maar je moet het wel tegen Stanley zeggen.'

'Echt niet! Ik wil dat hij minstens een kilometer uit Daisy's buurt blijft.'

Said stond net met een grote schaal hotdogs in zijn handen, toen zijn mobiel overging.

'Laat mij maar even,' zei Karin.

Hij stak zijn heup naar voren zodat ze beter bij zijn broekzak kon.

'Geen ongewenste intimiteiten op het werk,' waarschuwde oom Rien.

'Het is hartstikke gewenst.' Said grijnsde.

Karin tuurde op het schermpje van zijn mobiel. 'Een sms'je. Zal ik het voorlezen?'

Ik dacht aan het briefje van Daisy en kreeg een akelig voorgevoel.

'Doe maar.' Said gluurde over de toren van broodjes.

Karin drukte op een toetsje. 'Wat een raar bericht. Er staat:
waar is je grijze joggingbroek?'

Pierre zoomde in op het mobieltje.

'De tasjesdief droeg een grijze joggingbroek,' zei Marie-Fleur.

Karin keek haar strak aan. 'Ja, en?'

'Misschien denkt degene die dat sms'je heeft verstuurd dat
Said...' begon Marie-Fleur.

'Ik draag trainingspakken!' riep Said snel. 'Dat is heel wat anders.'

'En je hebt een alibi.' Tim pakte een broodje van de schaal en
beet erin. 'De planning, weet je wel?' Het klonk als 'dwe pwen-
ning', maar dat kwam door zijn volle mond.

'Dit is al de tweede keer dat Said vals beschuldigd wordt.' Karins ogen vlogen weer naar Marie-Fleur.

'Ik heb dat sms'je niet verstuurd!' Marie-Fleur kleurde tot in
haar nek.

Die heeft voorlopig geen rouge meer nodig, dacht ik.

Karin gaf haar een jaja-blik. 'Met die ring verdacht je hem anders ook.'

'Het spijt me,' piepte Marie-Fleur. 'Maar ik was het echt niet.'

Marscha blies een blauwe kauwgombel en liet hem klappen.
'Maar wie dan wel?'

'Staat het nummer er niet bij?' vroeg Kimberley zacht.

Oh ja, zij en Pierre waren er ook nog.

Karin tuurde al naar het schermpje. De scharnieren van haar
kaken waren ineens kapot.

'En?' vroeg Marscha opgewonden.

Karin gaf haar de telefoon.

'Hè?' Marscha knipperde met haar ogen. En nog eens en nog eens.

'Wat?' vroeg ik.

'Dat is mijn nummer,' antwoordde Marscha hees.

SMS VOOR BEGINNERS
Snelcursus in sms-taal van Glow

Naar je lover

Allerliefste: ALLFSTE – Ben
echt verliefd: B-E-V – Beze-
geld met een liefdevolle kus:
SWALK – Ben je op mij?:
BJOM? – Denk aan je: DAJ – Dikke
kus: DK – Dikke vette tongzoen van mij:
DVTVNMII – Hou van je: HOUFNJOU
of HVJOH of HVJOU – I love you: ILY of
LU – Ik ben gek op je: GOBJE of MAY – Ik wil
vrijen: 1-1 – Jij bent super sexy!: YA SS! – Knuffel en kus: KNISSEL of
KNUS – Kus: X of XIZZ of KUZZ of K of KISZZZZZZ of K(U)S – Lief-
de: LFDE – Mis je: M=JE – Schat: SGT of $*@TT – Schatje: QT of
SKAT of SJATJE of DUSHI of DOESSIE – Veel liefs en kusjes: VL+XX
– Verkering: VK – Verliefd: LOVE of VLIEFT of FLIEFT

Schoolse zaken

Superirritante leraren: SUL – Aardrijkskunde: AK – Biologie: BIO –
Cijfer: CFR – Delen: DEL& – Diploma: DPLM – Drukke tijden: BSBH
– Directeur: DRCTR – Dyslexie: DSLX – Economie: ECO of ECNM –
Einde les: EOL – Examen: EXMN – Hoofdletters: CAPS – Huiswerk:
HW – Hulpwerkwoord: H.W.W. – Ik verveel me: BLAAT of BLUB of
IVM – Natuur/scheikunde: N/S – Nederlands: FLAG – Proefwerk-
week: PWW – Studiefinanciering: STUFI – Tekst: TXT – Totale tijd-
verspilling: CWOT – Wiskunde: WI – Veel plezier op school:
SCHOOLSE

Allerlei groetjes

Blij je te zien: GTSY of GTSU – Dag: DG – De groeten: GREETZ of
D&G – De mazzel: DMZZL of TMZZL – Doei: BBN of MZZL of ChûZ
of CIAO of B@IB@I – Goedenacht: GDN8 – Groetjes: GR of GRTJS –
Hallo: HLL of LO – Hey: EEEYYYZZZZZ – Hoe gaat het: HOEIST of

HOESSIEJJJ of HOESTY? of WATZ_UP? – Hoi: MOH of JEEEW of HI of EJ – Ik zie je: XI-J of XIE JE of IXJE – Ik zie je later: CU L8ER of SUL – Slaap zacht: SL@ Z8 of SLP Z8 – Acht uur bij jou: 8BJ

Roddelen met je vriendinnen

Alleen uit nieuwsgierigheid: JOOC – Alleen voor jouw ogen bestemd: FYEO – Angst, onzekerheid en twijfel: FUD – Begin je het te begrijpen?: UGTI – Bemoei je met je eigen zaken: MYOB – Daar ga ik van over mijn nek: SUFID – Dat heb ik zo niet gezegd: TINWIS – Echt vaag: VV – Er volgt meer: MTF – Ex: X – Flauwekul: BOGUS of FLWKL – Geef mij de schuld niet: DLTBOM – Geloof niet alles wat je hoort: DBEUH – Glimlach: S – Grijns van oor tot oor: E2EG – Het is maar dat je het weet: JSYK – Hij heeft het uitgemaakt: HHHU – Hou dit onder ons: KTP – Ik ben er vast van overtuigd: ISS – Ik schaam me dood: HHIS – Ik weet alles: KIA – Maak je niet zo druk: KYPO – Om te huilen: FCOL – Onder ons gezegd en gezwegen: BUAM of BYAM – Ruzie: RZY – Van iemand gehoord hebben, die het weer van een ander heeft: FOAF – Zeg niet dat je het van mij hebt: DQMOT

Wie is de mol?

Karin keek Marscha peilend aan. 'Heb je je mobieltje aan iemand anders uitgeleend?'

Woho, wat klonk ze streng. Alsof we niet in DST waren, maar in een verhoorkamer.

Marscha schudde haar hoofd. 'Ik heb hem vast weer ergens laten rondslingeren.'

'Weet je zeker dat hij niet in je jas zit?' vroeg Karin toch nog wantrouwig.

'Zal ik even fouilleren?' bood Said aan.

'Als je dat maar laat!' riepen Marscha en Karin tegelijk.

Ik hoorde Pierre achter zijn camera lachen.

'We kunnen ook gewoon even bellen.' Tim trok de telefoon uit Karins vingers en toetste Marscha's nummer in.

Heel in de verte klonk de ringtone van een nummer van Anouk.

'Het komt van de bar,' zei Marie-Fleur.

Marscha gaf Karin een duw. 'En dus niet uit mijn zak.'

We gingen op het geluid af.

'Yo, waar laat ik die schaal?' vroeg Said.

'Geef maar hier.' Een dikke dame met een mollig mopshondje op haar schoot stak gretig haar armen uit.

We vonden Marscha's telefoon achter de bar, naast een stapel bierviltjes.

'Zie je nou wel?' zei ze. 'Hij ligt gewoon voor de pak.'

Inderdaad. Ze had nog mazzel dat hij niet gejat was.

Karin nam meteen de rol van politie-inspectrice op zich. 'Dan gaan we een lijst met verdachten maken!'

Tim stond al klaar met een pen en een bierviltje. 'Wie weten er allemaal van de tasjesroof?'

'Iedereen die het plaatselijke krantje heeft gelezen.' Marscha zuchtte. 'Zelfs die grijze joggingbroek stond erin.'

'En het nummer van Said staat in je telefoonboekje,' zei ik sip. 'Dus het kan zo ongeveer heel DST geweest zijn.'

'Tja.' Tim stopte zijn pen weer weg. 'We kunnen moeilijk alle klanten gaan ondervragen.'

Marscha knielde naast Bertje, die op zijn vaste plekje lag. 'Heb jij de dader gezien?' Ze tuurde hem diep in de ogen, alsof ze zo zijn gedachten kon lezen.

Hij likte aan haar vingers en kwispelde.

'Je moet hem leren praten,' adviseerde Said. 'Eén keer blaffen is "ja" en twee keer betekent "nee".'

Marie-Fleur krabde aan haar enkel. 'Mijn neef is met zijn Duitse herder op cursus gewee...'

Een rubberen balletje suisde rakelings langs haar hoofd.

'Waaah!' gilde ze.

Het balletje landde naast Marscha en stuiterde weer omhoog. Bertje vloog eropaf, met zijn kaken wagenwijd open. Te laat! Marscha had het balletje al uit de lucht gegrist.

'Nou ja, zeg.' Marie-Fleur voelde geschrokken aan haar haren.

'Neem me niet kwalijk. Het was de bedoeling dat mijn hond hem zou vangen.' De eigenaar van het balletje liep naar Marscha. Hij had amper één voet achter de bar gezet, of Bertje begon vervaarlijk te blaffen.

'Stil!' zei Marscha streng en ze gaf het balletje aan de man.

Tim klopte Bertje bewonderend op zijn rug. 'Dat noem ik nou nog eens territoriumbewaking.'

Pierre draaide met zijn camera naar het tweetal.

Ik dacht aan een artikel in Glow. 'Straks begint Bertje ook nog achter de bar te píésen.'

Marie-Fleur staarde hem vol afgrijzen aan.

'Dat kan, hoor,' zei ik. 'Sommige dieren bakenen hun territorium met geursporen af.'

Marie-Fleur snoof meteen alsof haar leven ervan afhing.

'Verkouden?' Stanley zette een toren lege glazen naast de spoelbak.

Ik zette het kraantje voor hem aan. 'Ze controleert of Bertje heeft gewildplast.'

'Jakkes.' Stanley wees dreigend naar Bertje. 'Je waagt het niet, hoor. Zeker niet als ík bardienst heb.'

Bertje duwde zijn kop liefkozend tegen Stanleys been.

'Is hij niet poepig?' riep Marscha.

Stanley kneep zijn neus dicht. 'Nog erger!'

'Nou ja, hij bláft in elk geval niet tegen jou,' zei Kimberley.

Toen drong het pas tot me door. 'Bertje laat alleen mensen achter de bar die hij kent.'

We staarden allemaal naar Marscha's mobieltje.

'M-Maar dan...' stamelde Karin.

Ik knikte. '...heeft iemand van ons dat sms'je gestuurd.'

De spanning was ineens om te snijden.

'Er is een mol onder ons,' fluisterde Marie-Fleur. 'Net als in dat tv-programma.'

'Personeel!' Oom Rien hield zijn dienblad zo hoog in de lucht dat ik de transpiratievlekken in zijn oksels kon zien. 'Tien pilsjes,' zei hij tegen Stanley. 'En kan een van jullie op het terras komen helpen?' vroeg hij aan Marscha en mij.

'Ik!' riep Marscha meteen.

Ik begreep wel waarom. Dan kon ze Brian zien aankomen.

'Wacht!' Tim gooide haar het mobieltje met de blauwe strasssteentjes toe. 'Hou dat ding alsjeblieft bij je. Ik heb geen zin in nog meer haatsms'jes.'

Karin keek voor de zoveelste keer achterdochtig naar Marie-Fleur.

SNUFFELARTIKEL VAN GLOW
Alles over geuren

Een neus voor jongens

Je ziet een waanzinnig knappe jongen in de disco en hij is ook nog superaardig. Hoe kan het dan dat je niet verliefd op hem wordt? Misschien heeft het te maken met zijn lichaamsgeur. Iedereen heeft namelijk een eigen, verschillend luchtje (je kunt het vergelijken met een vingerafdruk). En mensen vinden elkaar nu eenmaal aantrekkelijker als hun luchtjes matchen. Dit gaat volkomen onbewust. Dus je hoeft niet ineens iedere coole jongen te besnuffelen!

Luchtalarm

Als een mannetjesdier het luchtje van een vrouwtje opsnuift, denkt hij maar aan één ding: vrijen! De geur van een loops teefje bijvoorbeeld, is onweerstaanbaar voor reuen. Gelukkig zijn jongens geen wilde dieren. Je vriend zal zich hoogstens even omdraaien als hij een ander meisje lekker vindt ruiken.

Het neusje van de zalm

De reukzin van dieren is veel beter ontwikkeld dan die van ons. Een slang kan zelfs met zijn tong ruiken en insecten gebruiken de antennetjes op hun voorhoofd. Voor dieren zijn geuren dan ook van levensbelang. Wist je dat een mug al op honderd meter afstand mensenzweet kan herkennen? Een haai heeft vooral een neus voor bloed en de zalm weet zijn oude geboorteplek (soms meer dan 1000 km ver weg!) terug te vinden door de geuren in het water.

Territorium

Je kat geeft je geen kopjes omdat hij je – aaah! – zo lief vindt, maar om zijn geur op je achter te laten (opgelet: dit baasje is van MIJ!). Leg je wel eens je jas op de stoel naast je, om aan te geven dat hij bezet is? Dieren kunnen hun velletje niet uittrekken, dus bakenen ze hun territorium met stinkende geurtjes af. Ze doen dat met uitwerpselen of urine, of ze verspreiden een klierafscheiding met hun poten of kop. Het werkt hetzelfde als onze heggen en hekken en grenzen: wegwezen, privéterrein!

De boss-and-doggy-day

Ik stond in de keuken en schepte de garnalensalade om en om. Mol, mol, dreunde het bij elke schep door mijn hoofd. Zou iemand van ons echt...

'Zo is het wel genoeg,' zei Safira. 'De klanten willen garnalencócktail, geen garnalenstamppot.'

'Oeps. Sorry.' Ik klopte de roze smurrie van de lepel en zette de schaal in de koeling.

Nee, het moest Daisy zijn! Ze had bruin haar én dat briefje aan Stanley geschreven.

Maar Bertje zou haar nooit achter de bar laten, dus dat sms'je...

'Hallo-ho! Waar zit je toch met je gedachten?' Safira drukte een bord met hotdogs in mijn handen. 'Vooruit, uitdelen. Straks zijn het cold-dogs.'

Haha, cold-dogs! Ik voelde me meteen een ietsepietsie beter.

'Brian is er!' gilde Marscha. Alsof ik blind was. (Hij stond náást haar!)

'Hoi.' Hij nam een hotdog van de stapel en voerde Haas een stukje worst.

Ik hoopte stiekem dat hij Marscha ook zou gaan voeren.

'We gaan van hond ruilen,' zei ze. 'Brian mag dadelijk mijn jas aan.'

Het was maar goed dat het een maatje XXL was!

Ik liep met het bord naar het terras, tussen de kwijlende honden door.

'Broodje, mevrouw?' vroeg ik aan een dame met een stijf permanentje. Aan haar voeten zat een poedel met net zulke stijve krulletjes. Ik werd misselijk van de haarlaklucht.

'Nee, dank je.' Ze kon praten zonder haar mond te bewegen. Jemig, studeerde ze soms voor wassen beeld?

'Moven, Fay,' klonk de stem van Tim achter me. 'Je staat voor mijn modellen.'

De slimmerik! Ik legde een hotdog voor hem neer. 'En wat schuift het?' vroeg ik met een blik op zijn schetsboek. Wauw, de dame en het hondje leken precies.

'Jou teken ik voor niks na,' antwoordde Tim.

Said liep langs en pikte een broodje van mijn bord. 'Poseer in je blootje, en je krijgt een cadeautje.'

Kimberley keek hem geschokt na. 'Die jongen is echt oversekst.'

'Pierre is nog tien keer erger,' zei Tim, met een knikje naar de camera.

Marie-Fleur deelde de stembiljetten uit en Karin potloden. Ze zeiden geen woord tegen elkaar. Daisy zat in een hoekje van het terras, met de tekkel op haar schoot.

Laat haar nu meteen de rode hond krijgen, wenste ik.

Said klom op het podium en deed 'tsjuu, tsjuu' in de microfoon. Toen stak hij zijn duim op en wenkte oom Rien.

Pierre wurmde zich met zijn camera langs me heen. Op zijn rug stond een pekinees met een denkwolkje boven zijn kop: *op zijn hondjes*.

Inderdaad, hij was erger.

'Willen de deelnemers aan de lookalike-contest zich bij de bar verzamelen?' galmde de stem van oom Rien door de luidsprekers. 'We starten over tien minuten.'

Brian had Marscha's jas aangetrokken.

'Wat is hij knap, hè?' fluisterde ze met een glazige blik.

Het was net een kinderjasje, de mouwen kwamen tot net over zijn ellebogen!

'Heel knap,' zei ik.

'Sorry?' vroeg Brian.

Bertje redde ons. Hij duwde zijn snuit tegen Brians heup. 'Jij ruikt natuurlijk hondenkoekjes.' Brians hand gleed onder zijn jas en kwam weer tevoorschijn. 'Hier. Eentje voor jou en eentje voor Haas.'

'Wacht!' riep Marscha. 'Dan zet ik jullie op de foto met mijn mobieltje.'

Ze maakte niet één foto, maar een complete reportage!

'En nu eentje met ons vieren, hè Briaaan?' Ze gaf me de telefoon.

'Say cheese.' Ik klikte. 'Klaar.'

Brian pakte Haas bij zijn riem. 'Ik laat hem nog even plassen, voordat hij het podium straks water gaat geven.'

Marscha lachte alsof hij de mop van de eeuw had verteld.

'Schéééétig,' verzuchtte Marscha bij elke foto. Ze kroop bijna ín haar mobieltje.

'Honden zijn altijd schetig,' zei ik.

'Ik bedoel Brian, hoor.' Ze zapte naar het volgende kiekje en haar ogen werden groot van schrik. 'Hoe kan dat nou? Moet je kijken, Fay.'

Het was de foto die ik had gemaakt.

'Mijn snor is terug,' kreunde Marscha. (Ze had hem bij de schoonheidsspecialiste elektrisch laten epileren.)

Het schermpje was zo klein dat ik amper haar mond kon zien!

'Je hébt geen snor,' zei ik. 'Dat dénk je alleen maar. Je ziet het gewoon niet goed door je blauwe lenzen.'

'Denk je?' Ze plukte nerveus aan haar bovenlip.

'Heb je dat artikel over eetstoornissen nog gelezen?'

De ergernis spatte meteen van haar gezicht. 'Wat heeft dat nou met mijn snor te maken?'

'Als je zo bang bent voor overtollige haargroei, mag je wel eens wat meer eten.' Ik greep haar pols om mijn woorden kracht bij te zetten. Hij was bijna zo dun als een bezemsteel! 'Heel magere meisjes krijgen spontaan haren op hun lichaam, tegen de kou.' 'Ja hoor.' Ze rukte zich los. 'Sssst, daar is Brian.'

Karin stond op het podium en maakte reclame voor de realitysoap. Stanley en ik zochten een plekje op de balustrade.
'Beetje meer naar links,' zei ik. 'Dan hebben we beter zicht.'
Zo, nu kon hij Daisy tenminste niet zien.
'Dus misschien komt u straks op tv, in *Peeping DST*!' schreeuwde Karin door de microfoon.
'En laat de eerste deelnemer nu maar op het podium komen!'
Het was de wassenbeeldendame. Said stak als een lieftallige assistent een bordje met een 1 omhoog.

**Problemen met je lijf,
je lover of je ouders?
Vraag Manja om raad!**
(Ook anonieme brieven
worden beantwoord)

Lieve Manja,
Weet jij waarom jongens zo vaak oversekst zijn?
Meisje

Lief Meisje,
Het lichaam van een jongen reageert zeer heftig bij het zien van
vrouwelijk schoon. Daar kan hij niks aan doen; de natuur heeft dat
van oudsher zo geregeld. (Mannen moesten voor het nageslacht zor-
gen, zodat we niet zouden uitsterven.) Jongens onder elkaar kunnen
zich nog steeds als holbewoners gedragen. Zodra ze toegeven dat ze
een meisje leuk vinden, lopen ze de kans dat ze door hun vrienden
worden gepest. Nee, dan scoren ze liever met spannende verhalen.
Ze bluffen en overdrijven (vooral op seksueel gebied) om cool en
sterk over te komen. Maar vergis je niet: onder die stoere laag kan
een klein hartje zitten! Als een jongen met een meisje alleen is, durft
hij meestal wel zijn gevoelige kant te laten zien.
Manja

Betrapt!

We gingen met de stembiljetten aan de achterkant van DST zitten. De keukendeur stond open. Safira leunde tegen het fornuis en controleerde elke drie seconden of er geen verdwaalde hond naar binnen kwam.

'Jij mag niet meetellen,' zei Marie-Fleur tegen Marscha. 'Anders kunnen de andere deelnemers zeggen dat er is gefraudeerd.'

'Hé, Marsch, doe je ook mee?' vroeg Karin meteen. 'Ik weet zeker dat jij je eigen stemmen eerlijk telt.'

Marscha probeerde in een opscheplepel te controleren of haar haren wel goed zaten. 'Ik kan beter oom Rien en Stanley gaan helpen. Het is hartstikke druk.'

Ik draaide me om. 'Het zít goed. Ga jij nou maar gauw naar je Brian.'

'Brian?' vroeg Marie-Fleur nieuwsgierig.

Karin snoof alsof dat een vreselijk domme opmerking was.

Tim had alle namen en nummers in zijn schetsboek geschreven. 'Kunnen we eindelijk beginnen met tellen?' Hij knikte naar Said. 'May I have your votes, please?'

We waren op de helft van de stemmen. Toen klonk er geroep en geblaf op het strand.

'Yo man.' Said keek opzij. 'Volgens mij vallen ze iemand aan.'

'Daar wil ik bij zijn!' Karin sprong enthousiast overeind.

Zij en Said liepen hand in hand weg.

'Ik ga ook even kijken.' Marie-Fleur stond op en klopte het zand van haar rokje.

'Mol onder het zand op het Strandtentenstrand,' rapte Said zachtjes.

Marie-Fleur trok haar schoenen met hakken uit en stampte op blote voeten achter hen aan. 'Wacht maar tot mijn vader dit hoort...'

Tim zuchtte van ergernis.

Ik boog me weer over de stapel biljetten. 'Stem voor Brian.'

Tim zette het twintigste streepje achter Brians naam.

'En?' vroeg ik.

Ze deden of ik onzichtbaar was. Karin en Said ploften naast me neer. Marie-Fleur ging ook zitten en peuterde het zand tussen haar tenen uit.

'Hallo-ho?' Ik begon al te denken dat ík nu de kwaaie peer was.

'Een paar honden,' zei Karin eindelijk.

Marie-Fleur trok haar schoenen aan. 'Ze vochten.'

'Niks om je druk over te maken.' Said gaf me een klopje op mijn knie.

Wat waren ze ineens meelevend en eensgezind!

'Gehersenspoeld,' zei ik tegen Tim.

'Hmmm.' Hij telde de streepjes in zijn schetsboek. 'En de winnaar is... Brian.'

Marscha kwam de keuken in.

'Brian en Bertje hebben gewonnen!' riep ik.

'Bitterballen,' zei ze tegen Safira.

Ik werd meteen helemaal wiebelig.

'Troost-eten?' Safira liet er een stuk of tien in het frituurvet zakken.

'Om het te vieren, natuurlijk!' Ik danste op Marscha af en vloog om haar hals.

Ze reageerde heel koeltjes, zo raar.

'Ging het niet goed met Brian?' vroeg ik ongerust.

Ze zweeg even, met een blik op de camera. 'Met Brian wél.'

Waarom klonk ze dan niet blij?

'Hou jij Haas even vast?' vroeg Marscha met een blik op het podium, waar Brian en Bertje harig en trots stonden te zijn. 'Dan kan ik voor rondemiss spelen.'

Ik wikkelde de riem stevig om mijn pols. 'Ga maar gauw, voordat Karin of Marie-Fleur...'

Ze was al weg.

'Met stip op de eerste plaats!' riep Karin door de microfoon.

'Brian en Bertje!' schreeuwde Marie-Fleur.

Marscha kwam op met een bos bloemen, die ze snel achter de bar vandaan had gehaald. Ze kuste Brian op zijn rechterwang, op zijn linkerwang en...

'Zoenen, zoenen!' riep iemand op het terras.

Toen kuste ze Brian vol op zijn mond!

Zóóóóó! dacht ik, want het was er weer eentje waar je stil van werd.

Karin tikte Marscha op haar schouder. 'Dan zouden we nu graag de prijs overhandigen.'

Said hield een pak hondenkoekjes omhoog. 'Maar ik ga Brian echt niet zoenen, hoor.'

Er golfde een bulderende lach over het terras.

Woef! deed Bertje.

Ik gluurde langs het podium naar de stoel waarop Daisy had gezeten. Yes! Ze was weg.

Een halfuur na sluitingstijd waren alle klanten naar huis. Alleen Brian kon maar geen afscheid van Marscha nemen. Ze stonden op de trap (hij drie treden lager) en waren zo ongeveer aan de honderdste zoen bezig. Haas en Bertje vonden het wel best, zolang ze maar koekjes kregen.

Safira niet. 'De keuken wordt niet vanzelf schoon,' mopperde ze tegen Marscha.

Toen riep Brian Haas bij zich en vertrok. Met de halflege zak hondenkoekjes onder zijn arm en zijn hoofd achterstevoren op zijn nek zodat hij Marscha nog zo lang mogelijk kon nakijken. Het is maar goed dat er geen lantaarnpalen op het strand staan, dacht ik.

Zodra Tim en Said het podium hadden afgebroken, kletste Stanley een emmer water over het terras. 'Geslaagde dag, hè?'

Marscha keek hem heel raar aan. Alsof ze hem wel aan het spit kon rijgen.

'Ik moet je spreken.' Ze stak haar arm door die van mij en trok me mee. 'Slecht nieuws.'

Er plopte een bal in mijn maag. 'Wat dan?'

Ze knikte naar Pierre met zijn camera. 'Wc's,' zei ze.

Ze legde het deksel op een van de wc-potten. 'Je kunt beter even gaan zitten.'

Dat zeiden politieagenten op tv ook altijd! Vóórdat ze gingen vertellen dat er iemand vermoord of verongelukt was.

'Tammy?' Ik liet me op het deksel zakken. De bal in mijn buik stond op klappen.

'Nee.' Marscha haalde haar mobieltje tevoorschijn. 'Stanley.'

Pfff, die veegde in elk geval nog springlevend het terras.

Marscha drukte op een knopje en tuurde naar het schermpje.

Het was natuurlijk weer zo'n akelig sms'je. Met Stanleys naam eronder! Daarom had Marscha zo kwaad naar hem gekeken.

'Stanley is onschuldig, hoor!' riep ik. 'Het is gewoon weer een gemene streek van die mol.'

Ze gaf me de telefoon. 'Niet schrikken.'

Niet schrikken?

Zodra ik naar de foto op het schermpje keek, schrok ik me kapot. Het bloed trok uit mijn wangen en mijn hand trilde als een opgevoerde elektrische tandenborstel.

Die trut van een Daisy stond op de foto, samen met Stanley. Haar armen lagen als wurgslangen rond zijn nek!

GLOWS EERSTE HULP BIJ EX-LIEFJES

Je hebt vet verkering en alles gaat fantastisch. Er is maar één minpuntje: zijn ex-vriendin. Jíj zou haar het liefst uitgummen, maar híj wil graag vrienden met haar blijven. Wat nu?

Don't

Ga je vriend niet aan zijn kop zeuren met vragen over zijn vorige verkering. Het kan pijnlijk zijn om te horen dat hij het met haar ook leuk heeft gehad. Voor je het weet, stel je jezelf de ergste dingen voor: dat ze zo lekker konden zoenen, dat hij misschien haar borsten heeft gezien. Daar word je alleen maar jaloers en onzeker van!

Do

Prent het volgende in je hoofd: hij heeft het niet voor niets uitgemaakt met haar. Hij heeft voor jou gekozen omdat hij jou de allerleukste vindt! Dus waarom zou je je eigenlijk druk maken?

Don't

Laat je niet verleiden tot kleutergedrag. Als je zijn ex-vriendin expres negeert of sarcastische opmerkingen tegen haar maakt, ben jíj degene die zielig overkomt. (En niet zij!) Over haar roddelen tegen je vriend lucht misschien wel op, maar je loopt grote kans dat hij juist het gevoel krijgt dat hij haar moet verdedigen. Gevolg: jij en hij krijgen ruzie!

Do

Behandel zijn ex-liefje normaal. Je hoeft geen dikke vriendinnen met haar te worden, maar je kunt op zijn minst beleefd blijven. Daarmee laat je zien hoe volwassen je al bent en scoor je juist punten bij je vriend.

Maar...

Je kunt je vriend niet verbieden om nog om te gaan met zijn ex-vriendin. (Hoewel het altijd goed is om na het beëindigen van een relatie de eerste maanden even afstand te nemen.) We leven in een vrij land. (Jij zou toch ook niet willen dat híj bepaalt met wie jij optrekt?) Maar er zijn grenzen! Staat ze nog elke dag bij hem op de stoep? Overlaadt ze hem nog steeds met sms'jes en brieven? Is ze er altijd bij als jullie iets leuks gaan doen? Staat haar foto nog naast zijn bed en hangen haar kaarten nog steeds op zijn prikbord? Dan is het hoog tijd voor een goed gesprek met je vriend.

Wonderoma

Het was alsof ik betonblokken in plaats van voeten had. Ik moest me naar het terras toe slépen. Gelukkig hield Marscha me stevig vast en kneep de hele tijd bemoedigend in mijn schouder. Dat hielp, een beetje.

Stanley trok de dweil met een stok over de planken vloer. Ik kon alleen zijn rug zien, en dus niet zijn gezicht. Dat hielp eveneens.

Marscha knikte naar me. 'Zeg nou.'

Ik moest eerst een hele prullenbak vol proppen wegslikken.

'Stanley.' Mijn stem leek niet op die van mij. Net als toen in het promotiefilmpje.

Zodra hij zich omdraaide, zonk de moed me in de schoenen. 'Ik…'

'Ja?' Hij blies het ponyhaar uit zijn ogen en deed zijn scheve lachje.

Slik. Ik keek vlug naar het schermpje van Marscha's mobieltje en dat hielp heel, heel erg.

'Ik maak het uit.' Mijn arm leek radiografisch bestuurd. Ik zag hem omhooggaan en voor ik het besefte, had ik de telefoon in Stanleys vochtige hand gestopt.

'Maar…' Hij liet de stok vallen.

'Ga jij nou maar lekker naar Daisy.' Zonder hem nog één blik te gunnen, ging ik naar binnen en knalde zo ongeveer boven op Pierre. 'En rot jij ook maar op met je camera.' Ik duwde hem met paardenkracht opzij.

'Rustig aan, mop,' mompelde hij.

'Ik ben je mop niet.' Als een zombie liep ik verder.

'Ik kan het uitleggen!' riep Stanley vanuit de deuropening. Zijn stem schoot alle kanten op.

Niet naar zijn smoesjes luisteren. Oren uitzetten. Ik wandelde langs de bar, naar de deur met het patrijspoortje.

'Ben je daar eindelijk?' vroeg Safira.

Ik wandelde en wandelde. De keuken door, naar buiten. De wereld was net zo wazig als mijn hersens en mijn benen deden pijn van al dat gewandel. Omdat ze de hele tijd al wilden rennen, natuurlijk. Heel ver van Stanley vandaan.

'Fay?' hoorde ik Marscha roepen.

Nu even niet.

Ik holde de hele weg naar de boulevard.

Ik had mijn fiets tegen de zijmuur gesmeten en denderde door de achterdeur naar binnen.

'Ook goeiendag,' zei mijn moeder.

Slechtedag. Slechter dan slechter dan slechter. Ik liep meteen door naar boven.

'Wil je niet eerst eten?' riep mijn moeder onder aan de trap.

Ik wilde nooit meer eten. Ik zou nog magerder worden dan Marscha. Mezelf doodhongeren, zodat Stanley zich de rest van zijn leven schuldig kon voelen.

Ik smeet de deur van mijn slaapkamer dicht, trapte mijn schoenen uit en kroop in mijn bed.

Een voorzichtig klopje. 'Fay?'

Ik gromde in mijn kussen. Laat me met rust! betekende dat.

De deur ging op een kier en mijn moeder keek bezorgd om het hoekje. Zodra ze me onder mijn donsdek zag liggen, kwam ze helemáál binnen. 'Lieverd toch. Ben je ziek?'

Het klonk zooo lief. De tranen die al die tijd tegen de achterkant van mijn ogen hadden gedrukt, knalden er in één klap uit. Ze kwam op de rand van het bed zitten en streelde mijn haren.

'Ruzie met Stanley,' snikte ik. 'Het is ui-huit.'

Ze aaide en aaide, net zolang tot ik rustig werd.

'Hij is gek,' zei ze toen. 'Je bent een lot uit de loterij.'

Ik trok een zakdoek onder mijn kussen vandaan en snoot mijn neus. 'Ik heb het zélf uitgemaakt.'

Mijn moeders gezicht werd één groot vraagteken.

'Dan kun je het nog wel erg vinden, hoor,' zei ik.

Mijn moeder wist pas echt hoe de kietelmethode werkte! Ze bracht mijn eten naar boven (roomservice) en ik at in mijn pyjama op bed. Als ik door mijn oogharen gluurde, leek mijn kamer bijna op een luxe suite in een hotel.

Tot Evi op mijn deur roffelde. 'Fay! Telefoon!'

'Ik ben er niet.'

'Dus wel.'

'Ik wil met niemand praten.'

'Ook niet met Stanley?' vroeg ze ongelovig.

Juist niet met Stanley! 'Nee-hee!'

'Dan niet.' Mompelend ging ze de trap weer af.

Het leek wel spitsuur. Ik had mijn bord nog niet leeg, of Marscha kwam binnen.

'Ik wilde meteen komen, maar Safira...' hijgde ze. 'Gaat het een beetje? Je was zo ineens weg.'

'Ik wil hem nooit meer zien.' Ik zette het bord met een klap op mijn nachtkastje.

'Dan zal oom Rien hem moeten ontslaan,' zei Marscha nuchter.

Shit! Daar had ik nog niet eens bij stilgestaan!

Marscha's tas begon te zingen. Ze ritste het voorvak open en haalde haar mobiel tevoorschijn.

'Zal mijn moeder wel zijn, die wil natuurlijk weten waar...' Ze tuurde met een frons naar het schermpje. 'Stanley.'

Mijn maag zat meteen zo ongeveer in mijn keel. 'Niet zeggen dat je bij mij bent.'

'Ja?' vroeg ze met de telefoon tegen haar oor gedrukt. 'Hmmm.'

Ik hoorde Stanley praten, maar ik kon niet verstaan wat hij zei.

'Ze wil je niet spreken,' zei Marscha. 'En ook niet zien, trouwens.'

Ik plukte zenuwachtig aan mijn dekbed. Die 'ze' dat was ik.

'Ik denk inderdaad niet dat het nog goed komt, tenzij er een wonder gebeurt.' Marscha keek naar mijn plukkende vingers. 'En nu ga ik je hangen. Doei.'

Ze mikte de telefoon terug in haar tas.

'Waarom belde hij jou?' vroeg ik. Niet dat het mij interesseerde!

'Hij heeft eerst tien keer naar hier gebeld. Toen heeft je moeder waarschijnlijk de telefoon uitgezet.'

Slimme moeder!

Ik bleef de hele avond op mijn kamer. Tammy zat op mijn schouder en knabbelde aan mijn oor. Ze was de beste troostrat die er bestond. Kon ze ook maar helpen met schrijven. Ik verfrommelde de zoveelste *Lieve Manja*-brief en schoot hem door de kamer.

Toen klonk mijn moeders stem op de overloop. 'Fay, bezoek voor je.'

Het was tien uur!

'Tammy is los!' waarschuwde ik.

'Haar rat,' hoorde ik mijn moeder uitleggen. 'Ik ben als de dood voor dat beest.'

'Ach, zolang het geen leeuw is.' Het was de stem van een volwassen vrouw.

Als het Boomsma maar niet was! (Onze lerares Nederlands.)

Maar er stapte heel iemand anders naar binnen.

Ik staarde niet al te intelligent naar de kleine forse vrouw. 'Wie... wat?'

Ze liep naar mijn bed alsof ze de bus moest halen en stak haar hand uit. 'Roosje, de oma van Stanley.'

In míjn slaapkamer? Ik droomde, zeker weten!

Dus niet. Haar handdruk was zo stevig dat ik mezelf niet meer hoefde te knijpen.

'Mag ik?' vroeg ze, met een gebaar naar mijn bureaustoel.

Ik knikte stom.

'Mijn kleinzoon is ten einde raad,' zei ze. 'Dus kom ik maar eens even met je praten.'

Ik zag alles ineens door háár ogen. De proppen op de grond. Mijn pyjama, waar ook nog eens een jusvlek opzat. Jemig, wat zou ze wel denken? Voortaan zou ik in mijn mooiste kleren naar bed gaan. Mét mascara.

Meteen werd ik boos op mezelf. Hallo-ho, wat kon mij het schelen? Het was toch zeker over en uit!

'Stanley was wel degelijk op mijn verjaardag.' Ze rommelde in haar handtas.

Ging ze soms foto's als bewijsstukken laten zien? Ik haatte foto's!

Maar ze haalde een doekje tevoorschijn en poetste in sneltreinvaart haar bril. 'Tot één uur 's nachts en zónder dat meisje Daisy.'

Ik dacht aan wurgslangen.

'En vanmiddag wilde hij alleen maar helpen.' Ze zette haar bril weer op. 'Er waren een paar honden aan het vechten en die heeft hij uit elkaar gehaald.'

Die herrie op het strand, dacht ik. Toen we stemmen zaten te tellen.

'Hij was zo vriendelijk om de tekkel van dat meisje te redden. Uit dankbaarheid vloog ze hem om zijn hals.' Stanleys oma sloeg haar armen over elkaar. 'En dat was dat.'

En dat was dat???

'Hij had haar ook weg kunnen duwen!' riep ik verontwaardigd. De foto stond op mijn netvlies gegrift. 'En hij keek er ook niet bij alsof hij het erg vond.'

'Tja, ik heb nogal een beleefde kleinzoon. Bovendien besefte hij amper wat hem overkwam.'

Haar ogen priemden door haar brillenglazen. 'Maar hij koestert alleen maar warme gevoelens voor jou.'

Koestert warme gevoelens... Ik vond het mooi plechtig klinken.

Ze keek op haar horloge. 'Zullen we dan maar?'

Ik kon haar even niet volgen.

'Daisy de waarheid vertellen,' zei ze ongeduldig. 'Zodat ze jullie nooit meer lastigvalt.' Ze stond op en liep naar de deur. 'Stanley zit al in de auto te wachten.'

Ik had het gevoel dat ik in een slapstick meespeelde. 'Mijn pyjama...'

'Daar hebben we geen tijd meer voor.' Ze duwde de klink al naar beneden. 'Trek er maar een jas over aan. Stanley vindt je toch wel prachtig.'

Problemen met je lijf, je lover of je ouders? Vraag Manja om raad!

(Ook anonieme brieven worden beantwoord)

Lieve Manja,
Mijn vriend heeft iets heeeel liefs voor me gedaan. Weet jij een leuke manier om hem te bedanken?
Tijgerslofje

Lief Tijgerslofje,
Verras hem met een date die helemaal in zijn straatje past. Houdt hij van voetbal? Regel dan kaartjes en ga samen met hem naar de wedstrijd. (Ja, ook als jij voetbal haat. Hij zal je gebaar alleen maar des te meer waarderen.) Of nodig hem uit voor een romantisch etentje bij je thuis. (Je kookt natuurlijk zelf en maakt zijn lievelingseten, zodat hij zich heel speciaal voelt.) Is hij een natuurfreak? Stippel een mooie wandelroute voor jullie uit en neem een rugzak vol lekkere dingetjes mee. Zodra jullie op een mooi stil plekje komen, zorg jij voor een fantastische picknick. Is hij meer into the music? Dan is een leuk optreden in de buurt dé manier om hem te bedanken.
Succes met de voorbereidingen en veel plezier samen!
Manja

Laptop

Toen ik in de auto stapte, glimlachte Stanley zo breed dat zijn gezicht bijna in tweeën spleet.

'Geen moederskindje maar een oma-kindje,' fluisterde ik.

'Ik ben inderdaad dol op mijn oma,' zei hij. 'Ik zou niet weten wat ik zonder haar moest.'

Dat vond ik zoooo lief!

Stanley en ik stonden voor de deur van Daisy's huis. Zijn oma bleef in de auto zitten, die ze onder een lantaarnpaal had geparkeerd. Ik zag haar hoofd op en neer knikken. Waarschijnlijk op de muziek van Abba, want die had ze de hele weg gedraaid.

'Daar gaat-ie dan.' Stanley drukte op de bel.

Daisy deed zelf open.

'Dit is Fay.' Stanley pakte mijn hand vast. 'Mijn vriendin.'

Daisy staarde naar mijn pyjamabroek en tijgersloffen. Ik kon wel door de grond gaan!

'Ik wil niet dat je me ooit nog een briefje stuurt of me om mijn nek vliegt,' zei Stanley. 'Ik wil je toch niet terug. Ik ben gek op Fay.'

Een heuse liefdesverklaring bij maanlicht! Zonder tijgersloffen was het bijna romantisch geweest.

Daisy's mond vormde een rondje.

'Dus je laat ons voortaan met rust.' Stanley gaf me een knikje en trok me mee.

We waren halverwege het tuinpad, toen Daisy ons nariep: 'Dat briefje was mijn idee niet!'

Stanley en ik bleven staan.

'Dat meisje heeft me overgehaald.' Daisy's stem botste tegen de huizen. 'Voor een rolletje in de soap.'

Ik keek om. 'Welk meisje?'

Ze haalde haar schouders op. 'Met dat bruine haar.'

Net als de bezorgster van het dreigbriefje over sterallures!

'Heette ze soms Kim...' begon ik.

Daisy had de deur al dichtgeslagen.

Nou ja, ik kon toch niet meer verder praten. Stanleys lippen zaten als zuignappen op de mijne geplakt.

De volgende ochtend zaten we met zijn allen op het terras van DST. Pierre leunde met de camera op zijn schouder tegen de balustrade. Bertje lag op zijn rug en Marscha kroelde door zijn borsthaar.

'Ik wil ook wel zo'n massage,' zei Stanley tegen mij, terwijl hij zijn arm om me heensloeg.

'Is het weer aan?' Karin viel bijna van haar stoel van verbazing.

Ik knikte. 'Het was allemaal een misverstand.'

Ze gaapten me aan alsof ik het slachtoffer was van een verkeersongeluk. Behalve Marscha. Haar had ik natuurlijk al in geuren en kleuren over Stanleys wonderoma verteld.

Oom Rien bracht koffie en thee en koekjes. Marscha nam er twee!

'Je eet weer,' zei ik opgelucht.

'Ik lijn nooit meer,' fluisterde ze. 'Brian vindt me net een junk omdat ik zo mager ben.'

Hij had een uur met haar staan zoenen!

'Heeft hij dat gezegd?' vroeg ik ongelovig.

'Niet tegen mij, tegen...' Ze knikte naar Kimberley, die met Marie-Fleur smoesde.

Zie je wel! Ik hield mijn hoofd een beetje schuin en spitste mijn oren.

'Tuurlijk heb jij dat sms'je niet gestuurd,' hoorde ik Kimberley zeggen. 'Misschien heeft Stanley het zelf wel gedaan. Of Karin. Om jou verdacht te maken.'

Marie-Fleur pakte Kimberleys hand vast. 'Ik ben zo blij dat je mij gelooft.'

Ik kreeg dringend behoefte aan een teiltje.

'Zo, Kimberley,' zei ik hard. 'Dus jij weet wie de mol is?'

Ze ging weer op de verlegen toer en sloeg haar poppenogen neer. 'Ik? Nee, hoor.'

'Daisy beweert dat het iemand met bruin haar is.' Ik staarde nadrukkelijk naar Kimberleys hoofd.

'D-Daisy heeft zelf bruin haar,' stamelde Kimberley. 'En jij en Karin.'

'En Bertje,' zei Marscha.

'Ik niet.' Marie-Fleur voelde aan haar kapsel. Ze had haar blonde haren vandaag met duizend speldjes opgestoken.

Karin keek haar spottend aan. 'Misschien had je wel een pruik op.'

'Daar is Brian!' Marscha sprong overeind en ging meteen weer zitten.

Tims wenkbrauwen gingen omhoog.

'Ik wil niet al te gretig overkomen,' zei Marscha. 'Daar houden jongens niet van.'

Stanley blies in mijn oor. 'Ik wel, hoor.'

Hmpf, deed Marie-Fleur. 'Straks ziet Brian het toch op tv.'

'Je knipt het eruit,' zei Marscha met een waarschuwend vingertje tegen Pierre.

En toen kreeg ik een idee.

Tien minuten later stond ik met Stanley in de voorraadkast.

'Goed plekje.' Hij trok me tegen zich aan en zijn mond kwam dichterbij.

'Niet zoenen. Zoeken!' Ik duwde hem zachtjes weg. 'De laptop van Pierre. Hij zet hem altijd in de voorraadkast.'

137

Stanley veegde zijn ponyhaar opzij en keek me suffig aan.

'Ik wil zien wat hij gefilmd heeft,' zei ik ongeduldig.

De laptop lag op de bovenste plank. Ik gebruikte het krat met flessen frisdrank als tafeltje en ging er op mijn knieën voor zitten. Laptop openmaken. Aanzetten.

'Kunnen we dat wel maken?' vroeg Stanley onrustig.

Ik hoorde hem amper en staarde teleurgesteld naar het beeldscherm. *Wachtwoord* stond er in vetgedrukte letters.

Stanley hurkte achter me. 'Dat gaat dus nooit lukken.'

Het moest lukken! Ik kraakte mijn hersens. Pierres geboortedatum? Maar die kende ik niet. In elk geval iets persoonlijks. De naam van een huisdier of zijn vrouw of kinderen, als hij die had. Of van zijn assistente!

Ik tikte *Kimberley* in het hokje. Mijn zweterige vingers bleven aan de toetsen plakken.

Wachtwoord geweigerd.

'Shiiit.'

Stanley legde zijn handen op mijn schouders. 'Fay, lieverd...'

Lieverd! Pierre zei nooit lieverd, maar...

'Moppie!' schreeuwde ik.

Ik typte de letters in en probeerde intussen de computer te hypnotiseren: laat het kloppen, alsjeblieft, alsjeblieft.

Yes! De laptop begon te praten!

'Wojo,' zei Stanley.

Tv-serie van de maand

PEEPING DST
Realitysoap aan zee

Ben je verslaafd aan soaps,
dan mag je deze nieuwe serie
niet missen! Drie weken lang
werd het wel en wee van drie
stoere jongens en vier mooie
meiden gefilmd. Locatie: een strandtent. Ingrediënten: liefde, spanning en avontuur. Niks nieuws onder de zon, zul je denken. Maar in deze realitysoap is niets wat het lijkt. De vriendschap tussen de jongeren wordt zwaar onder druk gezet. Met/zonder happy ending? Gewoon zelf kijken!

Glows oordeel: *****

Pieping DST

Ik spoelde de film versneld door, tot Kimberley op de monitor verscheen.

'Wat zoek je nou?' vroeg Stanley.

Ik voelde mijn mond openzakken. 'Dat is de straat waar ik woon.'

'We zijn nu bijna bij het huis van Toverfay,' zei Kimberley. 'Ze heeft er nog geen idee van dat ze dadelijk deze brief gaat ontvangen.'

Het beeld verplaatste zich naar het papier in haar handen. *Pas maar op dat je geen sterallures krijgt, want anders...*

'Huh?' deed Stanley.

'Hoe zal ze reageren?' vroeg Kimberley. 'Denkt u dat ze iemand van de cast beschuldigt? Of roept ze de hulp van Smurfin Marscha in?'

'Wat doen jullie toch zo lang in de voorraadkast?' klonk Safira's stem plotseling achter ons.

Ik had de deur niet open horen gaan en mepte van schrik bijna de laptop van het krat.

'Bioscoopje pikken,' zei Stanley.

'Sms of mail nu uw antwoord en maak kans op deze fantastische dvd-speler,' vervolgde Kimberley.

Safira fronste haar wenkbrauwen. 'Ik wist niet dat er een quizelement in de soap zat.'

'Er zit nog veel meer in, wat we niet wisten.' Alle puzzelstukjes in mijn hoofd vielen op hun plaats. 'Weet je nog, die middag met Xavier? Hij vertelde dat we geen tekst hoefden te leren omdat we gewoon onszelf speelden. En toen Marie-Fleur vroeg of het dan niet saai werd, zei hij...'

Stanley herhaalde de woorden die Xavier had gezegd, op precies zo'n geheimzinnig toontje: 'Laat dat maar aan mij en Pierre over.'

Ik knikte. 'Hoezo realitysoap? Alles is geregisseerd!'

Stanley maakte snuffende geluiden. 'Kan het zijn dat er iets aanbrandt?'

'De bitterballen!' Safira stoof weg.

Stanley ging als eerste Marscha halen. Ze stapte binnen met een schaaltje héél donkere bitterballen. Brian volgde haar als een hondje. Hij moest zich zo ongeveer dubbelvouwen, anders paste hij niet in de kast.

'Wat moet jij met de laptop van Pierre?' Marscha's ogen rolden bijna uit haar kassen.

'Dat ben jij!' riep Brian enthousiast. Hij staarde gebiologeerd naar Marscha's gezicht op het computerscherm.

Kimberley kwam langs de zijkant in beeld. 'Ik weet niet of ik het je moet vertellen maar...'

Ze pakte meelevend Marscha's arm vast. 'Brian heeft gezegd dat hij je net een junk vindt lijken omdat je zo mager bent en...'

'Dat heb ik nooit gezegd!' Brians hoofd ging met een ruk omhoog en raakte een blik hotdog worstjes zodat de hele stapel gevaarlijk begon te wiebelen.

Marscha keek naar de bitterbal in haar hand en legde hem weer op het bord.

'Je gaat niet weer lijnen, hoor,' zei ik ongerust.

'Lijnen?' Brian durfde zich niet meer te bewegen. 'Je bent al zo dun.'

Pfff, Marscha klemde de bitterbal weer tussen haar duim en wijsvinger.

Ik gebaarde naar het scherm. 'Het staat allemaal op film. De roddels en de ruzies, het is allemaal in scène gezet.'

'Maar waarom?' vroeg Brian, die langzamerhand wel een stijve nek moest krijgen.

'Die lui doen alles voor hoge kijkcijfers.' Ik deed de stem uit het promotiefilmpje na: 'Een realitysoap vol spanning, liefde en avontuur.'

'Kimberley en Pierre willen spanning en avontuur?' Marscha likte haar vette vingers af. 'Oké, dan gaan wij ze een knallende slotaflevering bezorgen!'

Iedereen van de cast kwam op audiëntie in de voorraadkast. Om de beurt, want Kimberley en Pierre mochten niets merken. Nog niet.

Karin wilde ze het liefst allebei meteen vermoorden.

Marie-Fleur viel bijna flauw. 'Als mijn vader dit hoort...'

Maar zodra ik Marscha's plan had uitgelegd, grijnsden ze één voor één tevreden.

Na sluitingstijd was het zover.

'Iedereen keukencorvee!' riep Safira met de stem van een leger-officier.

We hadden nog nooit zo snel gehoorzaamd. Marscha ging met Bertje en Haas voorop en Pierre met zijn camera sloot de rij.

'Ik dacht dat Safira geen honden in de keuken wilde.' Kimberley knipperde zenuwachtig met haar grote ogen, alsof ze voelde dat er iets ging gebeuren.

We stapten zwijgend naar binnen. De deur met het patrijspoortje viel met een zuchtje achter ons dicht.

'Brian,' zei Marscha, en toen ging alles heel snel.

Brian was niet alleen breed maar ook berensterk. Zijn handen (formaat honkbalhandschoenen) gingen bliksemsnel naar de camera. Tim stond al klaar om hem aan te pakken. Voordat Pierre besefte wat er gebeurde, stond hij hulpeloos met zijn armen op zijn rug en zaten Brians vingers als handboeien rond zijn polsen.

'Doe even normaal!' Kimberley had niets popperigs meer en stapte op Tim af.

'Bertje!' riep Marscha.

'Haas!' riep Brian.

Ze gingen meteen voor Kimberley staan. Met stramme poten en hun koppen omhoog. Ze trokken allebei hun bovenlip op en gromden dreigend.

Kimberley deed vlug een stapje achteruit.

Tim ook, maar die deed het om beter te kunnen filmen.

Ik haalde de laptop uit de voorraadkast.

'Dit is zeker een geintje?' Pierre lachte, maar op zijn voorhoofd verschenen zweetdruppeltjes.

Ik hield de laptop boven het frituurvet.

'Gek, wat doe je nou?' schreeuwde Kimberley.

'Het laatste uur van een soap vol spanning en avontuur,' rapte Said.

'*Peeping DST* in de frituur.' Karin smakte met haar lippen.

Marie-Fleur glimlachte in de camera. 'Hoe denkt u dat de crew zal reageren? Sms of mail uw antwoord en maak kans op een gratis maaltijd in DST.'

'De heetste strandtent van het noorden!' riep Marscha.

'Oké, oké, we hebben de boodschap begrepen,' piepte Pierre nerveus.

Pieping DST, dacht ik.

Brian liet Pierre weer los, maar hij bleef wel als een waakhond naast hem staan.

'Ik heb anders nog geen excuses gehoord,' zei Safira streng.

Oom Rien knikte. 'Jullie hebben die jongelui veel te veel onder druk gezet. In míjn strandtent, nota bene.'

Pierre bleef maar naar zijn laptop turen. 'Alsjeblieft, haal dat ding daar weg.'

'Excuses?' Safira hield haar hand voor haar oor.

'Het was Xaviers idee.' Kimberleys stem sloeg over. 'Wij deden gewoon ons werk.'

'Laat hem nog maar een eindje zakken, Fay,' adviseerde Stanley.

'Sorry!' zei Pierre vlug.

'Het spijt me, nou goed?' mompelde Kimberley.

'Was dat nou zo moeilijk?' Safira knikte goedkeurend.

Ik legde de laptop op het aanrecht. 'Staat het erop?' vroeg ik aan Tim.

'Yep.' Hij zoomde in op de gezichten van Pierre en Kimberley. 'De spetterende ontknoping van *Peeping DST*.'

'Dat kun je niet uitzenden,' mompelde Kimberley tegen Pierre. 'We komen belachelijk over.'

'Weet je ook eens hoe dat voelt,' zei Karin wraakzuchtig.

'Trouwens, jullie moeten wel.' Marie-Fleur draaide aan haar ring. 'Anders sponsort mijn vader mooi niks.'

Marscha aaide Bertje. 'En jullie wilden toch spanning en avontuur?'

'Nou ja...' Pierre zuchtte verslagen en keek naar Kimberley. 'Het zorgt in elk geval voor hoge kijkcijfers, moppie.'

'Cut,' zei Kimberley. (Volgens mij met een 'k' en niet met een 'c'.)

Maar Tim zette toch de camera uit.

De StrandTent

Aflevering 4:
Over grijze dikbillen, swingen in een safarihotel,
leeuwengympen en nog veel meer Afrikaanse dingen

Hoofdrolspelers:

Fay Mol, 15 jaar
Droomplek: het Safarihotel
Favo kleding: safaripak
Schaamt zich voor: ongelijke
borsten
Grootste angst: dat het vliegtuig crasht
Missie: dieren redden

Marscha de Groot, 15 jaar
Droomplek: Uganda
Favo kleding: leeuwengympen
Schaamt zich voor: onderbroeken met olifantjes
Grootste angst: gesnapt worden
Missie: Kayongo zoenen

Bijrollen:
Marie-Fleur, Karin, rapper Said en graffitikunstenaar Tim
(de feestcommissie), Safira en Stanley
(werknemers van DST) en oom Rien
(de eigenaar van DST én het Safarihotel)

Figuranten:
Het personeel van het Safarihotel, Crocodile Dundee,
dierenbeulen en heel veel wilde beesten

Speciale gastrol:
Kayongo (Een bloedmooie Afrikaanse jongen,
die Marscha's hart in vuur en vlam zet)

Oom Rino

'*In the jungle, the mighty jungle!*' Marscha stond met een hamer op de bovenste tree van de keukentrap. Haar stem galmde over het terras: '*The lion sleeps toniiiight*!!!'

Weinig kans. Ze zong zelfs slapende hónden wakker. Bertje lag een paar meter verderop in het zonnetje en tilde verstoord zijn grote, harige hondenkop omhoog.

Toen deed ze er ook nog een dansje bij. 'A wimo wee, a wimo wee...'

De hamer zwaaide vervaarlijk boven mijn hoofd.

'Straks awimowee je naar beneden,' waarschuwde ik. 'Of nog erger: de hamer.'

Stanley wurmde zich tussen de deuropening en de keukentrap.

'Je ouders belden!' riep hij tegen Marscha. 'Ze hebben oom Rien van Schiphol opgepikt en zijn over een kwartiertje hier!'

'Oeps, dan mogen we wel opschieten.' Marscha viste een spijker uit haar broekzak en klemde hem tussen haar lippen. 'Het spandoek, Fay.'

Door die spijker klonk het als: wut swanwoek, way.

Ik gaf haar het uiteinde van de stof aan en Marscha begon te timmeren.

De rest van de feestcommissie was de binnenboel aan het versieren. Said en Karin gaven de bar een rieten dakje. Tim takelde een opblaasbare krokodil naar het plafond en Marie-Fleur knoopte apenknuffels aan touwtjes voor de ramen.

Oom Rien was drie weken in Afrika op vakantie geweest en we wilden hem verrassen met een thuiskomstfeestje in zijn strandtent.

'Klaar!' Marscha kwam naar beneden en we bekeken samen het spandoek. WELKOM TERUG IN DST! wapperde het in blauwe letters boven de ingang.

'Perfect,' zei ik.

Bertje blafte instemmend en holde naar binnen. Marscha en ik sjouwden de trap terug naar de voorraadkast. Achter de bar schonk kokkin Safira cocktails in hoge glazen. Stanley stak er vrolijke parasolletjes met kersjes in.

'Yo, alles steady? Wij zijn ready,' rapte Said, terwijl hij zijn Ali-B-petje omdraaide.

Marscha liet haar ogen door de strandtent dwalen en knikte tevreden. 'Hartstikke Afrika.'

'Nou!' Ik keek naar Bertje, die met happende kaken naar de opblaaskrokodil probeerde te springen. 'We hebben zelfs een wilde hond.'

Marie-Fleur drukte haar neus tussen de pluchen aapjes tegen het raam. 'Daar zijn ze!'

Marscha's moeder stapte als eerste binnen, met de autosleutels rinkelend aan haar pink. Daarna volgden Marscha's vader en oom Rien met grote canvastassen. Je kon wel zien dat ze tweelingbroers waren. Oom Rien leek net een kloon van Marscha's vader, maar dan eentje die in Afrika was gemaakt. Dat stond tenminste op zijn T-shirt: MADE IN AFRICA. Met het plaatje van een neushoorn eronder.

'Surprise!' riepen we in koor.

Oom Rien liet de tas uit zijn handen ploffen en wreef ontroerd door zijn dunne haar. 'Jongens, jongens, wat een welkom.'

En meisjes, dacht ik.

Safira deelde de cocktails uit.

'Op Afrika,' zei oom Rien.

We tikten de glazen tegen elkaar. 'Op Afrika!'

Marscha's vader smakte met zijn lippen. 'Wat is dit voor drankje?'

'Safira-cocktail,' antwoordde Safira trots.

'Safari, bedoel je?' zei hij op het toontje van een schoolmeester.

'Stel je niet aan, pap.' Marscha sloeg haar arm om hem heen. 'Van dat ene druppeltje worden we heus niet dronken.'

'Ik drink zo vaak champagne.' Marie-Fleur zwiepte haar blonde haren naar één kant. 'Laatst waren we op een zeiljacht...'

De rest van de feestcommissie begon meteen te kreunen en te geeuwen.

'Dan niet,' zei ze gepikeerd.

Oom Rien klopte op zijn nieuwe T-shirt. 'Wat vinden jullie van mijn rinootje?' Hij zette zijn glas neer en straalde als een jongetje op sinterklaasavond. 'Ik heb er voor jullie allemaal eentje gekocht.'

'Gelukkig,' zei Safira met een blik op de canvastassen. 'Ik was al bang dat je je vuile was had meegebracht.'

**Problemen met je lijf,
je lover of je ouders?
Vraag Manja om raad!**
(Ook anonieme brieven
worden beantwoord)

Lieve Manja,
Een vriendin van ons is heel erg verwend. Haar ouders zijn miljonair en geven haar belachelijk vaak dure spullen. Daar schept ze dan altijd vreselijk over op. Als ze op een feestje kaviaar heeft gegeten, moeten we dat nog weken aanhoren. Zo irritant! Hoe kunnen we ervoor zorgen dat ze zich normaal gedraagt?
Groetjes van Scorpio

Lieve Scorpio,
Het zou best wel eens kunnen zijn dat je vriendin heel onzeker is. Misschien denkt ze dat ze niet interessant en leuk genoeg is van zichzelf. En probeert ze daarom indruk op jullie te maken met haar mooie spullen en luxe feestjes. Maak haar duidelijk dat jullie haar mogen om wie ze ís, en niet om wat ze hééft. Hopelijk houdt het pochen dan vanzelf wel op.
Groetjes van Manja

Safarihotel 1

We trokken onze nieuwe T-shirtjes meteen aan.

Stanley bekeek grijnzend het resultaat. 'Het voetbalteam van DST.'

Ik aaide liefkozend de neushoorn op zijn buik en grinnikte. 'De oom Rino-club.'

Marscha kroelde door Bertjes haar. 'En dan ben jij onze mascotte.'

'In Uganda voetballen de kinderen met een bolletje van aan elkaar geknoopte lappen,' zei oom Rien.

Ik zag Marscha 'aha!' denken. Ze toverde haar shirt om in een naveltruitje, door er aan de voorkant een knoop in te leggen.

'Heb je ook échte rino's gezien?' vroeg ik aan oom Rien.

Het was alsof ik op een knopje had gedrukt. Hij begon meteen te vertellen. Over de safaritochten die hij had gemaakt, de oranje wegen en de gele savanne. Als een film trokken de plaatjes aan ons voorbij. Neushoorns, luie leeuwen, giraffen in de ondergaande zon.

Toen hij ten slotte zweeg, bleef het nog een hele poos stil.

'Ik wil ook naar Afrika.' Marscha zuchtte van verlangen.

'Nou!' Karin knikte zo hard dat haar staartjes heen en weer zwiepten. 'Het lijkt me hartstikke cool om te zien hoe een krokodil een gnoe verscheurt.'

'Sadistje.' Said beet in Karins nek.

'Hou op!' gilde ze, helemaal niet cool. 'Ik krijg kippenvel.'

Oom Rien knikte even naar Marscha's ouders en schraapte zijn keel. 'Het belangrijkste heb ik nog niet verteld.'

Anders deed hij nooit zo plechtig. Ik kreeg een onbehaaglijk gevoel in mijn buik.

'Wat dan?' vroeg Marscha nieuwsgierig.

'Ik heb niet alleen shirtjes gekocht, maar ook...' – oom Rien stopte even om de spanning op te voeren – '...een hotel.'

Marscha sperde haar ogen open. 'In Uganda?'

Oom Rien knikte. 'Het Safarihotel, om precies te zijn.'

Safira rukte nerveus aan haar hoofddoek. 'En DST dan?' vroeg ze met een hoge, dunne stem.

Shit! Ik dacht nu pas aan mijn strandtentbaantje.

En ik niet alleen. Marscha en Stanley schoven ook al zenuwachtig met hun voeten.

Oom Rien klopte Safira geruststellend op haar schouder. 'Je denkt toch niet dat ik zo'n goedlopende tent ga sluiten? Nee hoor, voor DST verandert er helemaal niets.'

Fjoew. We keken elkaar opgelucht aan.

'Iemand van de plaatselijke bevolking gaat het Safarihotel runnen,' zei oom Rien. 'Kayongo, een enthousiaste jongen met horeca-ervaring. Ik hoef de zaak alleen maar even op poten te zetten. Een likje verf hier en daar. Het personeel inwerken...'

Bij het woordje 'verf' wiebelde graffitikunstenaar Tim met zijn vingers.

'Gaaaaf!' Marie-Fleur kon niet meer stilstaan. 'Als het klaar is, kom ik natuurlijk met mijn ouders logeren.'

'Natuurlijk.' Marscha hmpfte stoer, maar ze keek stinkend jaloers.

Toen zei oom Rien: 'Ik had eigenlijk de hele feestcommissie in gedachten.'

Je kon een speld horen vallen. Acht paar ogen staarden hem ongelovig aan.

Marscha werd zo rood als haar T-shirt. 'J-je bedoelt...?'

Mijn hart veranderde in een pingpongballetje. A-fri-ka A-fri-ka plokte het tegen mijn ribben.

'Ik kan het onmogelijk in mijn eentje af,' zei oom Rien. 'En wie kan me nou beter helpen met opstarten dan...' Hij maakte een weids gebaar met zijn arm '...mijn eigen fantastische StrandTent-crew?'

Drie seconden stilte. Daarna werden we helemaal knettergek.

Stanley sloeg zijn armen om mijn middel en zwierde me rond. Marscha ging iedereen zoenen en Said deed een rapversie van Toto's *Africa.* Karin maakte karateslagen in de lucht en Marie-Fleur slaakte aan de lopende band gilletjes. Tim toverde ergens

een pen vandaan en tekende een complete gorillafamilie op één
bierviltje. Bertje draafde blaffend van de een naar de ander en Safira prevelde tegen het plafond.

'Maar alleen als jullie ouders akkoord gaan,' zei oom Rien toen we
eindelijk waren uitgeraasd.

'Ze moeten het goedvinden!' riep Karin strijdlustig. 'Al moet ik
ze vastbinden. Opsluiten. Brandende kaarsen onder hun voetzolen
houden. Vierendelen...'

'Wij vinden het goed,' zei Marscha's moeder snel.

AFRICA IS HOT!
Ook bij the rich and famous...
Glow volgde de voetsporen
van Brangelina

Verliefd
Brad Pitt is niet
de enige grote liefde
van Angelina Jolie.
Ook Afrika heeft
haar hart gestolen.
Tijdens haar reizen
werd ze stapelverliefd op dit kleurrijke werelddeel. Ze adopteerde zelfs
een meisje – Zahara – uit Ethiopië.

Baby op komst!
Toen Jolie zelf zwanger raakte, besloot ze met dikke buik en Pitt naar Afrika uit te wijken. Ze wilde in alle rust bevallen. Lekker privé, zonder de
loerende ogen van camera's. Onmogelijk in Hollywood? Wegwezen dan!
Een goed beveiligde villa in het zuidwesten van Namibië werd Brangelina's *place to be.*

Leeuwen
De Namibische regering wilde graag een handje toesteken. Vier lastige
persfotografen werden zonder pardon het land uitgezet. Niet dat het
slim was om je met een fototoestel in de bosjes rondom het huis te verstoppen. De kapitale villa werd namelijk door heuse leeuwen bewaakt!

Goedmakertje
Niet iedereen was blij met de komst van Pitt en Jolie. De plaatselijke
bevolking vond hen maar lastpakken. Helemáál toen het anders open-
bare strand achter de villa werd afgezet. Als goedmakertje schonk Jolie
meer dan 300.000 dollar aan staatsziekenhuizen, een scholenproject en
een gemeenschapscentrum.
De liefdesbaby werd ten slotte met een keizersnee in een privékliniek te
Swakopmund geboren. De trotse ouders hebben haar Shiloh Nouvel ge-
noemd.

Babyboom?

Het bezoek van Brangelina heeft Namibië geen windeieren gelegd. Als het aan de minister van Toerisme ligt, wordt Namibië hét babyparadijs voor sterrenkinderen. Hij schijnt zelfs Britney Spears gebeld te hebben: 'Wilt u bij ons komen bevallen van uw tweede kind?' Helaas pindakaas: Britneys zoontje is gewoon in Los Angeles geboren. Afrika moet het voorlopig met babyolifantjes doen.

Fasten your seatbelts

Een reis naar Afrika kostte heel wat meer voorbereiding dan een weekje kamperen in de Achterhoek. We kochten Deet en klamboes tegen de muggen. Fleece-jacks, buideltasjes en bergschoenen.

Marscha werd verliefd op een paar leeuwengympen.

'Maar ze zijn niet eens blauw,' zei ik verbaasd, want dat was Marscha's lievelingskleur van dat moment.

'Mijn blauwe periode is over.' Marscha duwde haar haren achter haar oren, zodat ik haar nieuwe oorbellen kon zien: plastic minikrokodillen. 'Ik ga voortaan voor de Afrikalook.'

We lieten akelige spuiten in onze armen zetten tegen enge ziektes. We slikten malariapillen en pakten onze koffers in. Van school kregen we een lange huiswerklijst mee. De inspectie had ons bijzonder verlof gegeven, mits we aan de nodige zelfstudie deden en een verslag zouden maken, blablabla...

'Als we in Uganda zijn, moet ik eerst héél lang uitrusten,' zei Marscha.

Een paar weken later was het dan toch eindelijk zover. We stonden bepakt en bezakt op het vliegveld.

'Hebben jullie je paspoorten?' vroeg oom Rien voor de zoveelste keer.

'Twee seconden geleden nog wel.' Marscha trok haar zwart-wit gestreepte beenwarmers op. Haar jurkje had een luipaardprint en haar voeten staken in haar nieuwe leeuwengympen. De perfecte schutkleuren voor een savanne, maar hier gaapte iedereen haar aan alsof ze een bedreigde diersoort was.

We checkten in en schoven onze koffers één voor één op de band.

Daarna was het tijd om afscheid van de thuisblijvers te nemen.

'Veel plezier,' zei mijn moeder met een brok in haar keel.

'Zul je goed op mijn dochter passen?' vroeg mijn vader aan Stanley.

'Pa-hap.' Ik kleurde tot in mijn nek.

'Ik sla iedere buffel die haar aanvalt knock-out,' beloofde Stanley.

Er werd gezoend dat het klapte. De moeder van Tim pinkte een traantje weg. Nog meer zoenen.

'Als jullie nog langer kissen, gaan we het vliegtuig missen,' rapte Said.

Karin sleurde hem meteen mee en Marie-Fleur volgde met haar zuurstokroze beautycase. Omdat je geen lotionnetjes en parfum in je handbagage meer mee mocht nemen, had ze er haar sokken en ondergoed maar in gestopt.

Safira gaf oom Rien een arm zodat ze ineens op een echtpaar leken.

'Niet vergeten Bertje de groeten te doen!' riep Marscha.

'Dag, mam. Dag, pap!' We zwaaiden onze armen lam.

Toen we naar de poortjes bij de douane liepen, bonkte mijn hart in mijn keel. Nu ging het echt beginnen!

Maar voorlopig gebeurde er nog niks.

De bagage was gescand en wij waren gescand en Safira werd drie keer gefouilleerd alsof ze – belachelijk! – een terroriste was en daarna was het wachten en wachten op *boarding time*.

'Vliegen is eigenlijk best wel saai,' vond Marscha.

'Mijn vader vloog laatst met een privéjet naar Amerika...' begon Marie-Fleur.

Gelukkig mochten we precies op dat moment de slurf in lopen.

'Hallo,' zeiden de stewardessen in hun donkerblauwe mantelpakjes.

'Hallo-ho!' antwoordde Said op een veelbetekenend toontje.

Karin duwde hem razendsnel naar het gangpad.

Zodra ik in de buik van de Boeing kwam, kneep ik hem als een bange kanariepiet. Ik had me een vliegtuig altijd groot en onverwoestbaar voorgesteld, maar het leek gewoon op een bus met vleugels.

'Weet je zeker dat dit ding in de lucht blijft?' fluisterde ik benauwd tegen Stanley.

'Maak je niet druk.' Hij nam mijn rugzak over en stopte hem in de locker boven zijn hoofd.

'We kunnen hoogstens neerstorten,' zei Karin, op een toontje alsof ze dat vreselijk spannend zou vinden.

Ik voelde me acuut misselijk worden.

'Ga nou maar lekker zitten, Fay,' zei oom Rien sussend.

Ik schoof naast Marscha, die al op de stoel bij het raampje zat.

Hoezo: lekker? Het was nog krapper dan een bus. De knieën van mijn achterbuurman Tim drukten kuiltjes in mijn onderrug.

'Met mijn ouders reis ik altijd business class,' mopperde Marie-Fleur zachtjes achter me.

Marscha bladerde ontspannen in een tijdschrift. 'Ze draaien hartstikke gave films!'

Ik dacht meteen aan de film *Alive* die ik op tv had gezien. Over een rugbyteam dat crashte in de Andes. Over vliegtuigstoelen die als luciferhoutjes afbraken. Over mensen die de lijken van hun medepassagiers opaten om te overleven. Echt gebeurd!

Stanley plofte in de laatste stoel van onze rij en gaf een kneepje in mijn knie. 'Je hebt echt de zenuwen, hè?'

Mijn keel leek wel dichtgeschroefd. Ik kon alleen maar knikken.

De motoren begonnen te ronken.

'*Fasten your seatbelts,*' klonk de stem van de piloot uit een luidsprekertje.

'Beetje vliegangst,' hoorde ik Stanley tegen Marscha zeggen.

Beetje? Ik pieste bijna in mijn broek!

Marscha pakte troostend mijn hand vast. Ik tuurde naar het papieren kleedje over de rugleuning van de stoel voor me. Toen gleden we langzaam vooruit.

De stewardessen gaven uitleg. Zuurstofmaskers. Reddingsvesten. Nooduitgangen. Slik!

We stopten bij de startbaan. De zweetdruppels kriebelden op mijn voorhoofd.

'Je gaat toch niet kotsen?' vroeg Marscha bezorgd.

Het vliegtuig kwam weer in beweging. We maakten vaart. Ik kneep Marscha's en Stanleys vingers er bijna af. Een schok. Waaah! We gingen omhoog.

Marscha tuurde door het raampje. 'Moet je die lichtjes zien!'

We waren niet neergestort. We vlogen!

'*Africa, here we come*!' riep Said enthousiast.

**Problemen met je lijf,
je lover of je ouders?
Vraag Manja om raad!**
(Ook anonieme brieven
worden beantwoord)

Lieve Manja,
Ik ga naar Afrika. Supergaaf, maar ik moet wel twaalf uur in een vliegtuig zitten en dat vind ik doodeng. Ik ben bang dat ik misselijk word of dat we zullen neerstorten. En stel je voor dat een terrorist de boel opblaast! Hoe kom ik van mijn vliegangst af?
Groetjes van een landrot

Lieve landrot,
Veel mensen voelen zich opgesloten in een vliegtuig en zijn bang de controle te verliezen. Probeer een stoel bij het gangpad te scoren, dat geeft een minder benauwd gevoel. Tijdens het landen en opstijgen is het slim om kauwgom te kauwen. Dan klappen je oren minder snel dicht. Maak regelmatig een wandelingetje door het gangpad. Doe rek- en strekoefeningen, waarbij je vooral je benen en tenen laat wapperen. Draag loszittende kleren, want zo hoog in de lucht zwel je altijd een tikkeltje op. Drink veel water (door de airco droog je gemakkelijk uit) en eet alleen lichte maaltijden. Ga niet zitten piekeren! Probeer je angst te vergeten door afleiding te zoeken. Een mooi boek (niet over vliegrampen) of tijdschriften (Glow natuurlijk!) kunnen je helpen ontspannen. Doe een computerspelletje of luister naar (rustgevende!) muziek. Op lange vluchten worden ook vaak films gedraaid. Heb je toch nog de bibbers? Bedenk dan dat er veel meer auto-ongelukken gebeuren dan vliegrampen. In de lucht is het veiliger dan op een autoweg!
Manja

Overstekende olifanten

Het vliegtuig was geland en taxiede van de landingsbaan naar het luchthavengebouw van Entebbe.

'Jemig, wat ben ik gaar,' zei Marscha toen we eindelijk stilstonden. Maar we hadden het wel overleefd!

We sloten aan bij de lange rij in het gangpad en bereikten in een slakkentempo de openstaande deur. Er was geen slurf maar een wiebelige trap.

Zodra ik naar buiten stapte, was ik de hele vliegreis vergeten. Een lauwwarm briesje streek door mijn haar. De lucht was zo blauw als een gebleekte spijkerbroek en het hoge gras langs de landingsbanen net zo geel als de zon. Het róók zelfs anders dan thuis. Said ging op zijn knieën op het warme asfalt zitten en kuste de Afrikaanse grond.

'Paus Said de eerste,' zei Stanley lachend.

'Kom op, jongens.' Oom Rien liep geeuwend naar de glazen toegangsdeuren. 'We moeten nog door de douane en onze huurauto ophalen.'

Het was geen auto maar een busje. We hobbelden over de weg in de richting van de hoofdstad en...

'Stop!' schreeuwde Tim.

Oom Rien trapte zo hard op de rem dat de bagage begon te schuiven. 'Wat...'

'Hij heeft natuurlijk een leeuw gezien!' Marscha kroop zo ongeveer ín het raampje.

'Nee, een verkeersbord.' Tim gooide het portier open en sprong in de berm. 'Foto!'

'Hij is gek geworden,' zei Safira.

Voor de zekerheid gingen we toch maar even kijken.

Tim was niet gek. Het waarschuwingsbord was gek. Té gek.

'Je moet oppassen voor overstekende olifanten!' schreeuwde Marscha tegen oom Rien.

We gingen meteen allemáál ons fototoestel pakken.

Een klein uurtje later reden we een buitenwijk van Kampala binnen. De flatgebouwen en betonblokken in de verte waren heel gewoontjes, maar al het andere was...

'Ongelooflijk,' zei Stanley hees.

Het zag zwart van de mensen. Letterlijk. Ze liepen of stonden of zaten op kratten en krukjes of op de grond. Ze verkochten mango's en meloenen en bananen en torentjes tomaten en gepofte maïs en kleren en potten en pannen. Allerlei geurtjes kropen in mijn neus. Etensluchtjes, uitlaatgassen en stof, heel veel stof. Busjes en auto's toeterden. Brommers knetterden. Reclameborden schreeuwden boodschappen in felgekleurde letters. Vrouwen droegen dozen op hun hoofd, kinderen op hun rug, tassen in hun handen. En dat allemaal tegelijk! Ik zag kinderen met witte bloesjes en schooluniformen. Schoffies op blote voeten met grote glinsterogen en nog grotere gaten in hun broek. Bedelende meisjes met hun babyzusje of -broertje in een omslagdoek. Koeien op een zanderig stukje grond met wat plukjes gras. Winkeltjes die na één keer blazen in elkaar zouden storten. Lage huizen van steen. Krotten met golfplaten daken. Kippen met kale nekken in een kooi. Gebraden kippenpoten te koop op een stokje. Een kleermaker met een antieke naaimachine. Vlees dat wemelde van de vliegen. Het was een prachtig sprookje en een nachtmerrie tegelijk.

Tegen de buitenmuur van een timmerwerkplaats leunden tientallen doodskisten.

'Gezellie,' mompelde Marscha.

'Dat hoort helaas ook bij Afrika,' zei oom Rien. 'Veel mensen sterven hier aan aids.' Hij stuurde het busje een zijstraat in. 'We zijn er bijna.'

'De woonboulevard!' riep Marie-Fleur enthousiast.

Langs de weg stonden rijen en rijen meubels. Wel een kilometer lang. Tafels en stoelen en banken en...

'Bedden,' zei oom Rien alsof hij zich niets heerlijkers kon voorstellen.

We draaiden een onverhard weggetje met kuilen in. Halverwege was de poort van het Olympiahotel, waar we zouden overnachten.

'Eten.' Stanley wreef over zijn maag.

Ik rook onder mijn oksels. 'Douchen.'

'En heel lang pitten.' Oom Rien zette de motor af. 'Morgen hebben we weer een fikse reisdag voor de boeg.'

Op de muren van de binnenplaats krioelde het van de hagedissen.

'Wauw!' riep ik. 'Moet je die ene met die rode staart zien!'

'Zouden ze ook lippenstift in die kleur hebben?' vroeg Marie-Fleur.

Tim ging meteen zijn vijftigste foto maken.

OM JE LIPPEN BIJ AF TE LIKKEN
Magische mondadviezen van *Glow*

Smokkelen
Is je bovenlip kleiner dan je
onderlip of andersom?
Dan kun je er met een
contourpotlood wat
millimetertjes bij smokkelen.
De bovenlip teken je van binnen
naar buiten. (Je begint dus met de
cupidoboog, dat golfje in het midden
van je bovenlip.) De onderlip teken je van je
mondhoek tot precies in het midden. Wil je graag vrolijk overkomen?
Teken dan de mondhoeken ietsje omhoog. Pas de kleur van het contourpotlood aan je lippenstift aan. Een beetje donkerder is prima, maar
pas op met al te contrasterende kleuren. Tenzij je op een clowntje wilt
lijken...

Kleurtjes
Het staat extra mooi als je lippenstift bij de kleur van je haren past. Of bij
je outfit. Bij blauwe kleding is roze of paarse lippenstift heel geschikt.
Draag je groene of bruine kleren, kies dan liever voor bruine en oranje tinten. Vind je nergens dé perfecte lippenstift, dan kun je ook zelf kleuren
mengen. (Met een spateltje wat lippenstift van verschillende sticks afhalen
en ze door elkaar roeren.) Vul de contouren van het potlood met behulp
van het penseeltje. Dep je lippen met een tissue en beschilder ze daarna
nog een keer. Ja-ha, Picasso was ook nooit in één penseelstreek klaar.

Glossy
Hou je niet van lippenstift en wil je toch glanzende lippen? Dan kun je
ook alleen lipgloss gebruiken. Maar je kunt het ook als een extra laagje
op je lippenstift aanbrengen. Dat versterkt de kleur en geeft een zonnige
uitstraling. Je hebt ze in allerlei kleurtjes. Naturel voor een hoge glans.
Goud voor glamourmeiden. Maar ook in rood, oranje of roze. Voortaan
ben jij om te zoenen!

Kayongo

Marscha en ik deelden samen een kamer. Ze trapte haar leeuwengympen uit en kroop meteen in bed. Binnen een minuut ronkte
ze als een buitenboordmotor.
Mijn hoofd zat nog veel te vol met indrukken en ik voelde me
plakkerig en vies. Dus liep ik op mijn tenen naar de badkamer en
sloot zachtjes de deur.
Het raam stond open. Ik wilde het rieten rolgordijn omlaag laten
– stel je voor dat iemand mijn ongelijke borsten zou zien! – toen
ik beneden iemand in het Engels hoorde praten.
'Die lui zijn gek op beesten,' zei een stem. 'Impala's, olifanten,
buffels.'
Ik gluurde door de hor naar de binnenplaats en zag Crocodile
Dundee lopen! Nou ja, het was hem natuurlijk niet echt, maar hij
droeg precies zo'n zwarte hoed en mouwloos hesje. Om zijn lin-
kerarm had hij een bandana geknoopt. Zeker zodat zijn enorme
spierbal nog beter zou uitkomen.
De man die met hem meesjokte, had alleen maar eetspieren. Hij
puilde nog net niet uit zijn maatpak. 'En vergeet de chimps niet,'
zei hij tegen Crocodile Dundee. 'Kassa!'
Bulderend van het lachen schudden ze elkaar de hand.
Ik snapte niet wat er zo grappig was. Natuurlijk wilden toeristen
betalen om dieren in het wild te zien.
Een portier klapte dicht.
'De achttiende dus. Ik zie je bij Micks!' riep Crocodile Dundee
door het zijraampje. Toen reed hij weg in zijn jeep. Einde voor-
stelling.
Ik liet het rolgordijn zakken en draaide de douchekraan open.

De volgende ochtend zaten we al vroeg aan het ontbijt. Tim
maakte aan de lopende band foto's. Van het overdadige buffet dat

op lange tafels was uitgestald en zelfs van de worstjes op zijn bord.

'Jammie, ik heb nog nooit zulk lekker fruit gegeten.' Marscha ging een vierde portie halen.

Oom Rien tikte ongeduldig op zijn horloge. 'Die knul had allang hier moeten zijn.'

Hij was nog niet uitgesproken of er kwam een bloedmooie jongen in een legergroen pak binnen. Kort kroeshaar. Heel veel witte tanden. Zijn huid had de kleur van sterke koffie.

'Kayongo, eindelijk!' riep oom Rien.

Marscha stond nog steeds bij het buffet. Ze draaide zich om en legde een schijf meloen náást haar bordje. Kayongo zakte door zijn giraffebenen en raapte het voor haar op.

'*Thanks,*' zei ze met ogen als zuignapjes.

'*You're welcome, miss.*' Kayongo gaf iedereen een hand en kwam bij ons aan tafel zitten.

Marie-Fleur controleerde snel in haar make-upspiegeltje of er geen muesli tussen haar tanden zat.

'Die jongen wil vast wel wat eten,' zei Safira moederlijk.

'*Thank you, miss.*' Kayongo knikte beleefd.

Oom Rien haalde gebakken eieren met spek voor de toekomstige manager van het Safarihotel.

Marscha liet zich in trance op haar stoel zakken. 'Niet alleen het frúít is hier verrukkelijk,' zei ze met een hemelse blik op Kayongo. Hij lachte verlegen.

'Moet je die mond zien.' Marscha zuchtte verheerlijkt. 'Om op te vreten.'

'*Ek is nie piesang nie!*' riep Kayongo verschrikt.

Uit de kraag van Marscha's shirtje trok een leger van rode vlekken omhoog.

Karin gierde het uit. Said neuriede het liedje van de grote banaan uit Afrika.

'Kayongo kan ons prima verstaan,' zei oom Rien. 'Zijn moeder komt uit Kaapstad en spreekt Zuid-Afrikaans. Die taal lijkt nogal op de onze.'

'Dus jullie kunnen gewoon Nederlands spreken, miss.' Kayongo boog plechtig zijn hoofd.
'Wat een schatje,' fluisterde Marscha (dit keer extra zachtjes) in mijn oor.

**Problemen met je lijf,
je lover of je ouders?
Vraag Manja om raad!**
(Ook anonieme brieven
worden beantwoord)

Lieve Manja,
Mijn beste vriendin is jongensgek. Nou ja, zeg maar jongenskrankzin-
nig. Ze heeft haar laatste vriendje al na een paar weken gedumpt en nu
is ze alwéér verliefd. Op een Afrikaanse jongen. En nu komt het probleem: ik ben bang dat ze met hem gaat zoenen. Misschien heeft hij wel
aids! Ik heb gehoord dat bijna iedereen dat daar heeft en ik wil niet dat
zij het ook krijgt.
Worried girl

*Lieve Worried girl,
In Afrika is aids inderdaad een groot probleem. Maar het is helemaal
niet zeker of die jongen seropositief is. Zolang je vriendin alleen maar
met hem (tong)zoent kan dat bovendien geen kwaad. Via speeksel kun
je niet besmet raken met het hiv-virus. Wel door onveilig te vrijen, maar
dat moet je natuurlijk sowieso nooit doen! (Ook van een Nederlands
vriendje kun je allerlei ziektes en infecties oplopen.) Zolang je vriendin
van die knipperlichtrelaties heeft, is het bovendien slim om nog niet 'all
the way' te gaan. Er is maar één eerste keer en het is veel fijner en spe-
cialer om pas met iemand te vrijen als je echt om elkaar geeft!
Manja*

Papband

Kayongo had voor grote flessen water en kilo's fruit gezorgd. Het hotel voor stevige lunchpakketten. We stouwden alles op en tussen onze koffers in het busje.

'En nu een groepsfoto,' zei Tim.

Marscha ging meteen aan de arm van Kayongo hangen. Marie-Fleur stiftte vlug haar lippen en toen gingen we allemaal op een kluitje voor de bus staan.

'*Say cheese!*' riep Tim.

'Hoe lang is het eigenlijk rijden?' vroeg Stanley aan oom Rien.

'Als het meezit, een uurtje of zeven.'

Marie-Fleur kreunde. 'Kunnen we geen helikopter huren?'

We reden langs bananenplantages en koffieveldjes en vergaapten ons aan hutjes met grasdaken. Een schoolklas kreeg les, buiten onder een boom.

'Joehoe!' gilde Karin uit het raam. 'Wij zijn lekker vrij!'

Een man vervoerde houtskool in zakken op zijn fiets. Vrouwen werkten op kleine akkers en in een grasvlakte graasden koeien met joekels van hoorns. We passeerden twee jongens met houten steppen, die ze als kruiwagens gebruikten.

Safira wuifde naar iedereen alsof ze de koningin was en de camera van Tim klikte maar door.

We hielden plas- en benenstrekpauzes. Zodra we ergens stopten, holden tientallen kinderen op ons af met houten beeldjes, trossen bananen en vissen aan touwtjes. '*Hey mzungu, how are you?*'

'*My name is Marscha*, hoor,' zei Marscha.

'Ze noemen alle blanken *mzungu*,' legde oom Rien uit.

Kayongo kocht vier tilapia's en hing ze aan de zijspiegel van de bus. Een kwartiertje later waren de vissen oranje van het stof. Goudvissen, dacht ik.

We lunchten en tankten en Kayongo nam het stuur over van oom Rien. De oranje weg zat vol kuilen en gaten en de omgeving werd groener en groener. Na een paar uur kwamen we geen auto's of mensen meer tegen en zagen we alleen nog maar oerwoud. De zon scheen warm door het raam en mijn ogen werden steeds zwaarder. En toen gebeurde het.

'Kijk uit!' hoorde ik Stanley roepen.

Het busje maakte een zwieper naar rechts en reed over een hobbel.

'Apen!' riep Marscha enthousiast.

Ik zag ze nog net aan de overkant tussen de bomen verdwijnen.

'Bijna platte apen,' zei Tim.

'Gelukkig kan Kayongo héél goed uitwijken.' Marscha aaide zijn schouder alsof het Bertje was.

'De bus doet raar.' Marie-Fleur kronkelde zich in onmogelijke bochten om door het raam naar de wielen te kijken.

'Niet alleen de bus,' zei Karin.

Kayongo trok aan het stuur en minderde vaart. 'Volgens mij hebben we een *papband*.'

Zodra we waren uitgestapt, zagen we wat hij bedoelde. De rechtervoorband was plat.

'Een scherpe steen waarschijnlijk,' mopperde oom Rien.

'*No problem, boss*. We hebben een *noodwiel*.' Kayongo ging op zijn knieën achter het busje zitten en maakte het reservewiel los. 'Bliksem!'

'Wat is er?' vroeg Marscha, die naar zijn billen keek alsof het bijzondere Afrikaanse kunstvoorwerpen waren.

'*Papband* nummer twee, zo te zien.' Stanley krabde in zijn haar.

'Les één,' zei Safira met een waarschuwend vingertje. 'Altijd het reservewiel controleren.'

Oom Rien mompelde een heleboel lelijke woorden.

Ik staarde naar het dichte bos en de verlaten weg en werd een tikkeltje zenuwachtig. 'Wat nu?'

'De ANWB bellen?' grapte Said.

'Nee, het Safarihotel!' Marie-Fleur haalde haar mobiel tevoorschijn en tuurde naar het schermpje. 'Shit, geen bereik.'

Oom Rien ging moedeloos op het reservewiel zitten. 'Wachten en duimen, jongens. Er zit niks anders op.'

Laat nú een auto om de bocht verschijnen, wenste ik wel duizend keer. Alsjeblieft, alsjeblieft.

Maar na een uur was er nog steeds geen hulp komen opdagen.

Karin liet de waterfles rondgaan. 'Dat wordt overnachten in het oerwoud.'

'Slapen tussen de apen,' rapte Said.

Marie-Fleur bleef er bijna in. 'Ik ga dus echt niet tussen de enge spinnen en schorpioenen liggen.'

En de malariamuggen, dacht ik. Met een betonblok in mijn maag keek ik naar het busje. Een slaapkamer voor hooguit vier personen. Tenzij we zittend zouden slapen.

'Nou ja.' Safira keek naar de stinkende vissen aan de zijspiegel. 'We hoeven in elk geval niet van de honger om te komen.'

Said draaide de waterfles dicht. 'Vuurtje stoken, tilapia koken.'

Ik had ineens genoeg van zijn eeuwige raps. Dit was wel even een noodsituatie!

Kayongo maakte zich los van het autoportier. 'We kunnen niet eindeloos blijven wachten. Straks is het donker.' Hij liep naar de achterklep om zijn rugzak te pakken. 'Ik ga hulp vragen in het dorpje verderop.'

'Oké, ik ga mee!' riep Marscha meteen.

'Dat dacht ik niet,' zei oom Rien. 'Ik heb de verantwoordelijk-heid...'

'Precies.' Marscha's ogen fonkelden. 'Het is hartstikke onverant-woordelijk om Kayongo alleen te laten gaan. Hij kan zijn voet wel verzwikken of een been breken. Met zijn tweeën is het veel veiliger.'

Hallo-ho! Ze kende hem amper. Zelfs brave huisvaders waren soms massamoordenaars.

Ik pakte haar pols vast. 'Dan ga ik ook mee.'

'Niet zonder mij.' Stanley sloeg zijn arm beschermend om mijn middel.

'Kunnen we niet allemaal gaan?' vroeg Tim.

Ik moest aan het sprookje *Zwaan kleef aan* denken.

Oom Rien aarzelde. 'Ik durf de bagage niet alleen te laten.'

Marie-Fleur keek naar haar gloednieuwe bergschoenen met roze veters en haalde opgelucht adem. 'Mooi, dan wachten wij hier.'

GLOWS RECEPT VAN DE WEEK
**Een frisse vissige maaltijd
voor tropische dagen:
Tilapiasalade!**

Wat heb je nodig?
4 eetlepels olijfolie
1 eetlepel limoensap
2 eetlepels Franse mosterd
peper & zout
blikje rode zalm
2 tilapiafilets (bij de visboer)
125 gram babyleaves (jonge slablaadjes)
125 gram cherrytomaatjes
2 eetlepels kappertjes
2 eetlepels geroosterde pijnboompitten

Hoe maak je het?
*Dressing: roer 3 eetlepels olie, het limoensap, de mosterd en wat peper
en zout door elkaar.*
*Zalm: laat de vis uitlekken, verwijder graatjes en velletjes, breek de zalm
in stukjes.*
*Tilapia: bestrijk de filets met de rest van de olie, bestrooi ze met peper
en zout en bak ze aan twee kanten bruin. Snijd de vis daarna in stukjes.*
*Finishing touch: leg de babyleaves en tomaatjes op een schaal en doe
er de dressing overheen. Mik de zalm en tilapiastukjes erbovenop en
bestrooi het geheel met kappertjes en pijnboompitten.*

Tilhappia smakelijk!

Waar rook is...

Na een kwartiertje flink doorstappen op de hoofdweg, zei Kayongo ineens: 'We nemen een *shortcut*.'
Hij bedoelde dat we een eng en donker zijpaadje in gingen. Dwars door het oerwoud!
Marscha probeerde er dapper uit te zien, maar ik zag haar mondhoek trillen.
'Weet je zeker dat we niet verdwalen?' vroeg ik. Mijn knieën knikten al bij het idee.
Kayongo maakte zich breder. *'Don't worry, miss.'*
'Hou toch eens op met dat gemiss,' zei Marscha. 'Ik voel me net een schooljuffrouw.'
'Oké, miss... eh... Marscha.' Kayongo liep vol zelfvertrouwen voor ons uit, alsof hij Tarzan himself was. Marscha volgde hem als een lieftallige Jane.
De hitte was klam en de aarde geurde vochtig.
'Wat een broeikas,' zei Stanley, die zijn pink aan de mijne had gehaakt.
De krekels tjirpten oorverdovend, insecten zoemden, vogels floten en overal klonk geritsel. De bomen torenden als reuzen boven ons uit. De wortels leken net muren. We worstelden ons langs menshoge varens en algauw werd de groene tunnel smaller en smaller zodat we achter elkaar aan moesten lopen.
'We hadden een kapmes mee moeten nemen,' zei ik benauwd.
'Sssst,' siste Kayongo ineens. Hij bleef met gespitste oren stilstaan en snoof.
Toen rook ik het ook. Iemand was een vuurtje aan het stoken.
'Mensen,' zei Stanley blij. 'Die kunnen ons misschien wel helpen.'
Kayongo siste opnieuw en zijn ogen werden waakzaam. Hij gebaarde dat we moesten bukken en legde zijn vinger tegen zijn lippen.
Jemig, waarom deed hij zo geheimzinnig?

Ik herinnerde me ineens een verhaal over een primitieve stam in Azië. De mannen scalpeerden iedere vijand die ze tegenkwamen en schraapten daarna met een lepeltje de hersens uit de schedels. Misschien bestonden er in Afrika ook wel zulke...

Niet aan denken!

Ik boog voorover en sloop zo zachtjes mogelijk achter Kayongo en Marscha aan. Onze schoenen zakten in de modder en maakten soppige geluiden. Voetje voor voetje gingen we vooruit. Mijn pet bleef ergens aan haken en viel op de grond. Toen ik hem opraapte, zag ik iets wegschieten. Ik beet op mijn tong om het niet uit te gillen. Doorlopen!

Gemene stekels prikten gaatjes in mijn vel en het zweet gutste over mijn voorhoofd. Achter me hoorde ik Stanley hijgen, met korte, hevige stootjes.

Plotseling klonk er in de verte een alarmerend gekrijs. De haartjes in mijn nek gingen rechtovereind staan.

'Chimps,' fluisterde Kayongo.

Chimpansees! Mijn hart bonsde van opwinding en angst tegelijk. Kayongo stond zo abrupt stil, dat Marscha bijna tegen hem opknalde. Hij maakte een stopteken met zijn hand. Toen liet hij zich op zijn ellebogen zakken en tijgerde vooruit. Marscha dook ook meteen in de blubber en kroop achter hem aan. Ik probeerde half staand, half zittend vooruit te komen, terwijl ik de grond afspeurde op ongedierte. Het struikgewas werd dunner, de omgeving lichter en ineens keken we uit op een open plek.

Ik zag een eenvoudig tentje van bananenbladeren. Voor de ingang stond een jerrycan. Naast een omgevallen boomstam lag een bergje afval met een conservenblik als een vlag op de top. Iemand had met takken een vuurtje gemaakt en er een pannetje op gezet. Iemand die zijn rode zakdoek was verloren. Of als pannenlap had gebruikt.

'Mogen toeristen hier wel kamperen?' fluisterde Stanley.

Kayongo schudde zijn hoofd. 'Dit soort kampjes is meestal van houthakkers.'

'Illegále houtkap, wedden?' zei Marscha. 'Ze hebben ons natuurlijk horen aankomen en zijn ervandoor gegaan.'

175

'Wacht hier.' Kayongo keek om zich heen of de kust veilig was.
'Wat ga je doen?' vroeg Marscha zenuwachtig.
Hij sprong als een gazelle uit de struiken en rende naar het krak-
kemikkige tentje. Met een welgemikte trap schopte hij het om.
Daarna moest het pannetje eraan geloven. De bosgrond was be-
zaaid met iets wat op bruine bonen leek.
'Schiet nou o-hop.' Marscha probeerde met touwtjes van ogen Ka-
yongo naar zich toe te trekken.
Voor de tweede keer krijsten de chimpansees.
Stanley lachte. 'Het is net of ze roepen: blijf van onze jungle af.'
Pang!
De lach bestierf op zijn gezicht. Ik dook weg met de handen te-
gen mijn oren.
Marscha werd spookachtig wit. 'Wat was dat?'
Pang!
Toen wisten we het zeker: iemand schoot met een geweer!
Kayongo was in drie tellen terug bij ons en schreeuwde: '*Jap'trap.*'
We verstonden acuut Zuid-Afrikaans. *Vlug vlug* trokken we ons
terug in de struiken. Het kon ons niet schelen dat we net zo veel
lawaai als een kudde olifanten maakten. Rennen moesten we, ren-
nen! Ik struikelde over boomwortels, de takken knapten onder
mijn bergschoenen, het bloed bonkte in mijn slapen en in mijn
hoofd raasde steeds hetzelfde woordje: weg weg weg!

Kayongo denderde onvermoeibaar door. Hoeveel kilometers had-
den we al niet afgelegd? Ik kon niet meer. Hoestend en met zwar-
te vlekken voor mijn ogen stond ik stil.
'Kayongo,' zei Stanley dringend.
Kayongo draaide zich om. Zodra hij mijn gezicht zag, haalde hij
een fles water uit zijn rugzak. Ik klokte gulzig.
'En nu?' Marscha frummelde aan een scheur in haar broek met
giraffeprint.
Kayongo keek rond. Zijn voet wipte nerveus.
'Kunnen we geen omweg maken?' vroeg Stanley.
Marscha knikte. 'Heel ver van die houthakkers vandaan.'

Ik dacht weer aan de geweerschoten. We hadden wel...

Ondanks de hitte kon ik niet ophouden met klappertanden.

'We moeten die kant op,' zei Kayongo ten slotte. 'Denk ik.'

'Dénk je?' Nu rilde ik over mijn hele lijf.

Marscha begon heel raar te ademen. 'We zijn toch niet verdwaald?'

'Natuurlijk niet,' zei Stanley. Maar ik hoorde de ongerustheid in zijn stem.

Kayongo liep zwijgend verder. Wij sjokten achter hem aan. Mijn benen zwabberden en ik wilde nog maar één ding: naar huis! In mijn kogelvrije slaapkamer diep onder de dekens kruipen.

'Gaat-ie?' vroeg Stanley.

Nee, het ging helemaal niet! Met moeite knipperde ik mijn tranen weg.

We liepen en liepen en liepen. Het werd steeds donkerder en de muggen zoemden om ons heen.

'Heb je geen zaklamp?' vroeg Marscha aan Kayongo.

Hij zei dat onze *óé* vanzelf aan het duister zouden wennen.

Maar na tien minuten zagen mijn ogen nog steeds geen sikkepit. Hoewel...

'Volgens mij heb ik die boom al eerder gezien.' Ik wees met een trillende vinger naar een boomstam, die begroeid was met zwammen.

'Fay heeft gelijk.' Stanley kreunde. 'We hebben een rondje gelopen.'

'Nee!' Marscha stond op het punt om in huilen uit te barsten.

'*Hold on*, Marscha.' Kayongo's armen zwierden onhandig om haar heen. 'Of zoals ze in Zuid-Afrika zeggen: *kan nie dood nie.*'

Dat wist ik anders zo net nog niet.

Maar op Marscha's gezicht verscheen een glimlachje. Ze stootte, vast niet toevallig, tegen Kayongo's zwierende arm aan en ineens hielden ze elkaar vast.

Ik gebruikte Stanley als geleidehond en zo strompelden we verder. Door de dichte jungle met zijn duizenden geluiden. Soms dacht ik dat ik oogjes zag blinken en elke tak leek op een slang. Ik zag mijn ouders voor me. En de krantenkoppen: SPOORLOOS VERDWENEN IN UGANDA. Ik verlangde zo erg naar huis dat het pijn in mijn buik deed. En ik was bang. Doodsbang.

Problemen met je lijf, je lover of je ouders? Vraag Manja om raad!

(Ook anonieme brieven worden beantwoord)

Lieve Manja,
Ik heb heimwee. Weet jij hoe ik van dit ellendige gevoel af kan komen?
Vakantiemeisje

Lief Vakantiemeisje,
Veel mensen hebben moeite met het verlaten van hun vertrouwde omgeving. Bij sommigen is de heimwee zo erg dat ze zich echt ziek en angstig voelen, of zelfs moeten huilen. Dan is het natuurlijk niet slim om meteen voor drie maanden naar Australië af te reizen. Wen liever eerst aan het van huis zijn op een plekje dichterbij en begin met een paar nachtjes. Het kan helpen als je een foto meeneemt van iemand aan wie je gehecht bent. Of een vertrouwd voorwerp zoals je favo nachthemd, je kussen (ruikt lekker naar thuis) of je dagboek (kun je het rottige gevoel meteen van je afpennen). Ga niet in een hoekje zitten kniezen, daar knap je zeker niet van op! Probeer leuke dingen te doen en nieuwe mensen te ontmoeten. Hoe drukker jij bezig bent, hoe minder tijd je hebt om te piekeren. Denk aan de positieve dingen van de vakantie en niet aan de minder prettige kanten. Het kan ook helpen om van tevoren veel te lezen over je vakantiebestemming, zodat je beter weet wat je te wachten staat. En spreek af hoe vaak en wanneer je naar huis belt (niet té vaak!). Gelukkig gaat de heimwee na een paar dagen meestal vanzelf over.
Manja

Nonkel Caleb

We hadden de laatste druppel uit de veldfles gewrongen en honderden muggen doodgemept. Mijn enkels waren dik van het struikelen en mijn armen jeukten van de schrammen. Ik tolde van de honger en mijn tong leek een uitgedroogde zeemlap.

En toen ineens... zag ik een lichtje flikkeren.

Ik hallucineer, dacht ik. Ik knipperde met mijn ogen en kneep met mijn nagels in mijn vel en ik keek nog eens en nog eens. Het was er nog steeds!

'*Bruinmens*,' zei Kayongo.

'We zijn gered!' Marscha sloeg haar armen om Kayongo's nek en gaf hem een zoen. Het was te donker om het te kunnen zien, maar ik hóórde hem bijna kleuren.

Toen flitste het als een bliksemschicht door me heen: 'Misschien zijn het die houthakkers wel.'

Kayongo schudde zijn hoofd. 'Dit is het dorp, zeker weten. Mijn oom woont er, met zijn drie echtgenotes en kinderen.'

'Drie?' riep Marscha uit. 'Dat zou ik dus never-nooit-niet van mijn vriendje pikken!'

We waren meteen niet moe meer. Lawaaierig en uitgelaten gingen we op het lichtje af. Het werd groter en groter. Ik kon het horen knetteren. Ik zag er zwarte schimmen omheen zitten, en daarachter huisjes.

'Nonkel Caleb!' riep Kayongo.

'Zouden ze ook eten hebben?' vroeg Marscha. 'Ik kan wel een hele olifant op.'

Er waren alleen gekookte groene bananen.

'*Matoke*,' zei Kayongo.

Al waren het gebakken sprinkhanen geweest...

We aten bij het kampvuur. De kinderen streken telkens over mijn

179

arm alsof ze wilden controleren of ik niet wit geschminkt was. Ze lachten en renden weg en kwamen weer dichterbij. 'Hey mzungu? *How are you?*' vroegen ze wel honderd keer.

'Denk je dat je oom ons naar het busje kan brengen?' vroeg Stanley na ons bananenmaaltje aan Kayongo.

Nonkel Caleb nam ons mee naar een rommelige plek achter een van de hutten. Er stond een aftandse wagen geparkeerd. De roestige laadbak lag vol met prikkeldraad, blikken en tonnen en drie...

'Reservewielen!' riep ik blij.

'*Big business.*' Oom Caleb grijnsde van oor tot oor. '*Mzungu* hebben vaak platte banden.'

We klauterden in het bakkie en zochten een plekje tussen de rotzooi. Oom Caleb ging op de bestuurdersplaats zitten en draaide het contactsleuteltje om.

Krrrr. Verder gebeurde er niets.

'Nee hè?' riep Marscha uit.

'Arme oom Rien,' zei ik hees. 'Hij zal zo langzamerhand wel vreselijk ongerust zijn.'

'Zit er wel benzine in?' vroeg Stanley nuchter.

Kayongo sprong uit de wagen om zijn oom te helpen. Met behulp van een trechter goten ze een jerrycan brandstof in de tank.

Nieuwe poging.

Ik duimde zo hard dat ik bijna kramp in mijn vingers kreeg. Alsjeblieft, alsjeblieft.

Yes! De motor sputterde en pruttelde als een espressoapparaat.

Kayongo kroop weer naast Marscha en toen hotsten we vooruit. Met maar één brandende koplamp reden we over een bultig zandpad. De kinderen renden ons zo lang mogelijk achterna en zwaaiden.

Binnen tien minuten draaiden we de oranje hoofdweg op.

'Dus we zaten niet eens zo ver van de bewoonde wereld,' zei ik verbaasd.

Kayongo stak een ingewikkeld verhaal af over aan- en afvoerwegen voor de houtkap en dat het oerwoud sindsdien beter bereikbaar was. Marscha leunde tegen hem aan.

Ik dacht aan een *Glow*-artikel over jongens versieren. Ha, je moest gewoon met hem in de jungle verdwalen!
'Wat zit jij nou te grinniken?' vroeg Marscha.

'Daar is ons busje!' Stanley klopte op de gebarsten ruit, die het bakkie van de rest van de wagen scheidde.
Nonkel Caleb stak zijn duim op om te laten zien dat hij het begrepen had en minderde vaart.
In het licht van de ene koplamp zag ik oom Rien over de weg ijsberen. Zodra hij onze motor hoorde ronken, bleef hij staan en spreidde zijn armen. Meteen gingen de portieren van het busje open en sprongen de anderen ook naar buiten.
We kregen amper de tijd om uit de laadbak te klimmen.
Tim stompte Stanley enthousiast op zijn schouder.
'Waar bleven jullie nou?' riep Marie-Fleur nog half hysterisch.
'We dachten al dat jullie waren opgegeten,' zei Karin.
Ik wreef over de bulten op mijn arm. 'Door de muggen, ja.'
'Meisjes, meisjes.' Oom Rien omhelsde mij en Marscha alsof we niet drie uur, maar drie wéken waren weggeweest.
Said breakdanste om ons heen en Safira pinkte met het puntje van haar hoofddoek een traantje weg.

Nonkel Caleb was heel handig met een krik. Even later stond de bus weer rechtop op zijn wielen en hadden we een gevulde reserveband. Oom Rien drukte nonkel Caleb een stapel Ugandese shillingen in de hand en daarna tuften we verder over de donkere weg.
Marscha vertelde in geuren en kleuren over onze tocht door het oerwoud. 'We hebben zelfs chimpansees gehoord.'
'Niet alleen chimpansees.' Bij de herinnering kreeg ik weer kippenvel. 'Ook schoten.'
'Wat?' Oom Rien stootte bijna zijn hoofd tegen het autodak.
Marscha kneep in mijn knie en schudde haar hoofd. 'Dieren die door de bosjes schóten,' zei ze vlug. 'Slangen en zo.'
'Jakkes.' Marie-Fleur huiverde van afschuw.

'Juist spannúnd!' Karin liet haar arm over Marie-Fleurs schouder kronkelen.

Marie-Fleur gilde overdreven.

'Niks zeggen,' fluisterde Marscha tegen Stanley en mij. 'Oom Rien is sowieso al overbezorgd. En jullie willen toch niet dat we de rest van de vakantie hotelarrest krijgen?'

GIRLPOWER!

Voor stoere meiden:
het versierstappenplan van *Glow*

jij hebt toch 'n wiskunde-knobbel?

Zo-ho verliefd?
Je komt een errug leuke
jongen tegen. Of je bent al
weken verliefd op die ene kanjer.
Helaas ziet hij jou niet staan of is
te verlegen om op je af te stappen.
Dan kun je wachten tot je een
ons weegt, maar een beetje
een geëmancipeerde meid
neemt natuurlijk gewoon
zelf het initiatief!

stoute schoenen!

For your eyes only
Stap één: Maak oogcontact. Kijk hem even aan en dan weer van hem
weg. Knipper verleidelijk met je ogen (niet te overdreven want dan
denkt hij dat je kippig bent of een vuiltje in je oog hebt). Glimlach mys-
terieus en schud met je haar. Kijkt hij terug? Dan is het tijd voor stap
twee.

Warming-up
Bedenk een geschikte openingszin, haal diep adem en ga naar hem toe.
(Ja, dat is even spannend maar je moet maar zo denken: Superwoman
durft het ook!) Wat je zegt, is natuurlijk afhankelijk van de plek waar je
bent. In de disco kun je best vragen of hij daar wel vaker komt. Maar
gebruik je diezelfde tekst op het schoolplein...
Opwarmertjes voor een goed gesprek zijn bijvoorbeeld:
* Ik heb gehoord dat jij op karate zit en ik denk erover om ook lid te
  worden. Info *please*!
* Weet je hoe laat het is? (Niet vergeten om je eigen horloge af te doen!)
* Ik ben pas met een cursus portrettekenen begonnen en jij hebt zo'n
  interessante kaaklijn.
* Ik hou een enquête voor Greenpeace. Mag ik je wat vragen stellen?

* Jij hebt toch een wiskundeknobbel? Wil je me met mijn huiswerk helpen?
* Mijn vriendin en ik hebben een weddenschap afgesloten. Als ik je durf aan te spreken, trakteert ze me op een glas cola.
* Mijn beltegoed is op. Mag ik je mobieltje even lenen? (Kun je meteen zijn nummer achterhalen!)

Smalltalk

Als de jongen jou ook leuk vindt, volgt er vanzelf een gesprek. Stel geïnteresseerde vragen en laat merken dat je hem graag beter wilt leren kennen. Vraag zijn msn of nodig hem uit voor een feestje.

Reageert hij amper, of nog erger: begint hij te geeuwen? Dan is de liefde blijkbaar niet wederzijds. Dat is even slikken, maar ach, je hebt in elk geval je best gedaan. En, zoals Cupido zou zeggen: 'Niet geschoten is altijd mis.'

Wildplassen

Het liep bijna tegen middernacht. We reden niet langer door het oerwoud maar over een verlaten grasvlakte met struikjes. Iedereen was stil, moe en chagrijnig.

Bij een slagboom met een hokje ernaast remde oom Rien af.

Marscha schrok wakker. 'Zijn we er?'

'Nog een klein halfuurtje,' antwoordde oom Rien. 'Het hotel staat ín het park.'

Voor de parkingang stond een informatiebord met twee geschilderde klokken. Alleen de wijzers waren echt, zodat je ze op iedere gewenste tijd kon zetten. Tussen zonsondergang en zonsopgang was het park verboden terrein.

Nu dus!

'Shiiit, we mogen niet verder,' mompelde ik.

'Dit is een noodgeval,' vond oom Rien.

Kayongo stapte uit om de slagboom op te tillen.

Zodra we langs het hokje reden, sloeg mijn hart een versnelling hoger. Dadelijk zou er een bewaker met een geweer opduiken en ons allemaal arresteren! Ik kreeg al visioenen van smerige, donkere cellen en stokslagen. We waren hier wel even in Afrika.

Pfff, het hokje was leeg.

Kayongo liet de slagboom zakken en stapte weer in het busje.

Rijden! dacht ik. Ik voelde me net een crimineel op de vlucht.

Maar na een paar minuten werd ik rustiger. De savanne strekte zich voor ons uit en was totaal verlaten. Waarschijnlijk lagen de bewakers 's nachts gewoon in bed.

Marie-Fleur zuchtte teleurgesteld. 'Bij het Safarihotel zijn zeker geen winkels?'

Oom Rien grinnikte. 'De toeristen komen juist voor de rust. Ze willen *game* zien.'

'Game?' vroeg ik.

185

'Wilde dieren,' antwoordde oom Rien.

'Ik ben meer geïnteresseerd in wildplássen.' Said schoof op de zitting heen en weer. 'Man, mijn blaas staat op klappen.'

Oom Rien stopte bij een paar struikjes. Said stapte uit en ging een eindje terug in de rechterberm staan. Met zijn rug naar ons toe.

Ik leunde met mijn warme voorhoofd tegen de koele linkerruit en...

'Zagen jullie ook iets door het gras sluipen?' vroeg ik opgewonden.

Marie-Fleur keek de verkeerde kant op. 'Ik zie niks.'

Ja, hèhè.

'Ik dacht al dat ik een hyena hoorde,' zei Safira ongerust.

Stanley deed lachend het portier open. 'Hé Said, ik zou maar doorpiesen!'

Weer zag ik aan de overkant van de weg iets bewegen. Twee donkere schimmen...

Ai, ze kwamen recht op het busje af!

Mijn keel zat ineens vol scheermesjes. Ik kon alleen nog wijzen.

Kayongo duwde Marscha opzij en zat plotseling rechtovereind. '*Leeu*.'

'L-leeuwen?' stamelde Marscha.

'Rustig blijven,' zei oom Rien helemaal niet rustig.

Karin gilde alsof ze werd vermoord. Een van de leeuwinnen keek om.

Said ook. 'Wat...'

'Stil,' gromde Kayongo.

Karin werd pas stil toen Tim zijn hand over haar mond legde.

Safira draaide het raampje open. Haar arm ging langzaam naar buiten.

'Wat doe je nou?' jammerde Marie-Fleur. 'Straks bijten ze je hand er nog af.'

Stanley was de enige die koelbloedig bleef. 'Meteen naar het busje komen, Said. Of je nou klaar bent of niet.'

'Desnoods leg je er een knoop in.' Marscha giechelde van de zenuwen.

Ik staarde vol afgrijzen naar de harige, geelbruine ruggen in het schijnsel van de koplampen.

Safira's arm was nog steeds buitenboord. Haar vingers waren bijna bij de zijspiegel.

Natuurlijk, de tilapia's! Katten waren dol op vis!

Ik keek ademloos toe hoe ze het touwtje van de spiegel tilde. Zodra ze de vissen heen en weer zwaaide, bleven de leeuwinnen staan. Ik keek naar hun gele ogen. Hun klauwen van poten.

Blijf, probeerde ik ze te hypnotiseren. Blijf.

Maar toen zag Said ze ook. Zijn gezicht bevroor in een schreeuw. Twee seconden. Daarna zette hij het op een rennen. De leeuwinnen vergaten meteen de tilapia's en zetten zich schrap.

'Neeeee,' fluisterde Marscha.

Toen gebeurde alles tegelijk. Safira zwiepte de vissen door de lucht. Ze vielen met een plof op de grond en de leeuwinnen bleven staan alsof ze niet wisten wat ze moest kiezen: de tilapia's of Said. En Said bleef maar rennen en wij riepen 'ooooh' omdat hij bijna struikelde en Stanley hield allebei zijn armen vooruitgestoken en trok Said met grof geweld het busje in.

Klabam!

De deur sloeg dicht. Met Saids voet er net niet tussen.

Het was alsof Said een acute aanval van malaria kreeg. Zijn ogen stonden koortsachtig en hij bibberde over zijn hele lijf.

Karin klauwde zich vast aan zijn trainingspak. 'Je gaat nooit meer wildplassen,' zei ze. 'Nooit meer, hoor je me?'

Tim bleef Safira maar op haar rug kloppen. 'Superwoman. Je hebt Said gered.'

'Uhum, kunnen we verder rijden?' vroeg ik met een blik op de likkebaardende leeuwen.

Van de vissen was niets meer te zien. Volgens mij hadden ze zelfs de touwtjes opgegeten.

'Dan moeten ze wel eerst opzij gaan,' mompelde oom Rien.

Kayongo boog zich voorover en drukte op de claxon. Toe-hoe-oe-oe-oe-oet!

Een van de leeuwinnen ontblootte haar tanden. We deinsden achteruit, maar – fjoew! – toen liepen ze allebei weg.

'Had je niet eerder kunnen toeteren?' vroeg Marie-Fleur.

Marscha ging meteen in de verdediging. 'Kayongo is niet gek. Van de schrik kunnen ze ook juist agressief worden, hoor.'

Stanley grinnikte. 'Onze leeuwenexpert.'

Oom Rien trapte het gaspedaal in. We kropen verder over de kaarsrechte weg.

Said kreeg mond-op-mondbeademing van Karin. Safira was in slaap gevallen en Tim bekeek de foto's op het schermpje van zijn camera. Mijn hoofd was vol en moe en mijn enkels klopten pijnlijk. Iedereen zweeg, alleen het busje ronkte door de nacht. Binnen was het warm en veilig. Bijna knus.

Toen begon Marscha te neuriën. 'We zijn er bijna, maar nog niet helemaal.'

Eén voor één vielen we in en ten slotte zongen we allemaal. We brulden onze angst weg.

Eventjes leek het bijna alsof we op een doodgewoon schoolreisje waren. In Safaripark Beekse Bergen of zo.

Problemen met je lijf, je lover of je ouders? Vraag Manja om raad!

(Ook anonieme brieven worden beantwoord)

Lieve Manja,

Ik moet sowieso best vaak plassen. Vooral als ik stromend water hoor: een kraan, een kabbelend beekje of een waterval. Maar het wordt pas echt lastig als er geen wc in de buurt is. Dan maak ik me daar zo druk om dat ik juist nóg eerder moet. Nu ga ik op safari en dan kan ik zelfs niet uit de auto stappen om in de bosjes te plassen. Ik ben bang dat ik vreselijke buikpijn krijg. Of nog erger: per ongeluk in mijn broek plas. Hoe los ik dit op?

Pissebedje

Lief Pissebedje,

Sommige mensen hebben een gevoelige blaas en moeten dus eerder plassen dan andere. Dat je nog vaker moet als er geen wc in de buurt is, zit vooral tussen je oren. Hoe meer je eraan denkt, hoe groter de aandrang wordt. Focus je op de wilde dieren. Ze zijn een goede afleiding voor je probleem. Minder drinken kan ook helpen, maar doe dat niet te vaak, want het is niet erg gezond. Als je te weinig vocht binnenkrijgt en dus ook nauwelijks naar de wc gaat, wordt je blaas niet voldoende schoongespoeld. Gevolg: bacteriën krijgen gemakkelijk de kans zich te vermenigvuldigen en je loopt het risico dat je een blaasontsteking krijgt. Slimmer is het om, voordat je op safari gaat, goed uit te plassen. Vaak blijft er nog wat urine in de blaas achter. Kantel je bekken als je denkt dat je klaar bent. Je zult zien dat je daarna nog een keer kunt. Het is niet verstandig om je plas lang op te houden. Zorg voor regelmatige pauzes in gebieden waar je wel naar de wc kunt. Die kun je vaak op de routekaart van een natuurpark vinden. En ook al hoef je nog niet: ga, zodra er een plasgelegenheid is!

Manja

Laurel & Hardy

Toen ik wakker werd, dacht ik dat ik in een tent lag.

Langzaam drong het tot me door: oh nee, het Safarihotel. Het tentje was de klamboe die over mijn bed hing.

Jemig, wat was ik stijf! Moeizaam sloeg ik de muffe deken opzij en schoof het gazen muggengordijn open. Brrr, de betonvloer was koud. Met mijn grote teen sleepte ik mijn bergschoenen dichterbij.

Wacht! Eerst op schorpioenen controleren, had Kayongo gezegd.

Vanuit het andere bed klonk gekreun.

'Hoe laat is het?' Marscha wreef haar ogen uit. Haar bruine lenzen zwommen in een glas op het nachtkastje. Ze had ook nog blauwe en groene, maar de bruine pasten het beste bij haar Afrikalook.

'Geen idee.' Ik kloste op mijn bergschoenen naar het raam en gooide de luiken open.

'Kan die zon niet uit?' mopperde Marscha.

Ik hoorde het amper en tuurde de glooiende vlakte af. In de verte graasden antilopen en zebra's! 'Wauw, moet je dat uitzicht zien. Het lijkt wel een natuurfilm.'

'Eerst douchen.' Marscha stapte uit bed en stommelde rond.

Ik liep naar het terras voor ons huisje en rekte me uit. Vanachter een omheining van palen verschenen ineens drie wrattenzwijnen. Hun staartjes staken als antennes omhoog.

'Marsch!' riep ik. 'Zooo grappig.'

'Helemaal niet grappig.' Ze stak haar hoofd door de deuropening. 'Er ís helemaal geen douche en ook geen...'

'Geen wat?' vroeg ik.

'Wc.' Toen keek ze pas rond. 'Jemig, Fay. Wat is het hier gááááf!'

'Zei ik toch.' Maar ik moest wel ineens plassen. Vannacht was ik op een oude gebarsten toiletpot in het hoofdgebouw geweest,

terwijl oom Rien bij de receptie de sleutels van onze huisjes op-
haalde. Maar er was vast ook nog wel een toiletgebouw dichterbij.

Gelukkig kwam Kayongo er net aan. '*Goeie môre.*'

'Hooooi.' Marscha's wimpers sloegen op hol.

'Weet jij waar de wc is?' vroeg ik aan Kayongo.

'Het *gemak'huisie?*' Hij wees naar een rij houten hokken verderop.

'En de douche?' vroeg Marscha.

Hij knikte naar de palen omheining. Marscha gaf hem haar speciale glimlachje.

'Willen jullie *eiers?*' vroeg Kayongo blij. 'Voor *brek'fis.*'

'Graag,' zei ik.

'En jij?' Hij legde zijn arm om Marscha's schouder heen.

Ze keek naar haar slaapshirt en werd ineens helemaal knettergek.
Zonder antwoord te geven, rukte ze zich los, vloog ons huisje in
en trok de deur achter zich dicht.

Ik geloofde mijn ogen niet!

Kayongo staarde verbijsterd naar de dichte deur. Ik zag de ader op
zijn slaap kloppen.

Toen rechtte hij zijn rug en verdween met grote stappen naar het
hoofdgebouw.

'Wat had jij nou ineens?' vroeg ik aan Marscha. 'Ik dacht dat je
verliefd op hem was.'

'Ben ik ook!' Ze schopte tegen het bed.

'Waarom liep je dan weg?'

'Ben je blind of zo?' Marscha sloeg op haar billen. 'Ik sta in mijn
onderbroek!'

Het was er een met olifantjes.

'Het is toch een mooie?' suste ik. 'En er zitten ook geen rare gaten
in.'

'In mijn onderbroek!' gilde Marscha alsof ik ook nog doof was.

'Maak je niet druk, joh. Hij heeft alleen maar naar je gezicht gekeken.'

'Echt?'

'Zeker weten.' Ik klopte troostend op haar schouder. 'En nu ga ik plassen.'

De wc was een ton en zodra ik de klep opendeed, kwam er een wolk vliegen uit. Jakkes, wat stonk het! Ik liet de deur openstaan om niet vergast te worden. Hangen, niet zitten. Door mijn mond ademhalen. Nul sterren voor het Safarihotel. Hoewel...
De savanne strekte zich in de ochtendzon voor me uit. Tegen de horizon zag ik een lange nek afsteken.
Ik had nog nooit geplast met een giraf erbij! Het gaf net zo'n fantastisch gevoel als voor de eerste keer verliefd worden.

Marscha stond al onder de douche. Nou ja, douche. Er hingen waterzakken, waar een piepklein straaltje uit kwam. En aan Marscha te horen, was het ijskoud.
Ik trok aarzelend mijn nachthemd uit en verruilde mijn bergschoenen voor badslippers. De rode krassen op mijn armen deden gelukkig nauwelijks pijn meer.
'Wat doe je preuts,' zei Marscha tegen mijn rug.
'Niet iedereen is zo volmaakt als jij,' flapte ik eruit.
'Ik volmaakt?' Ze somde van alles op wat te groot en te dik was.
'Hou nu maar op.' Ik hoorde zelf hoe geïrriteerd ik klonk. 'Je bent hartstikke slank.'
Marscha zweeg even. 'Fay?'
'Ja?'
'Jij bent toch ook heel mooi?'
Ha, dan had ze mijn borsten nog niet gezien. Ik keek naar Laurel, de appelvormige. En naar Hardy, de dikke peer. Ze waren iets minder ongelijk dan een halfjaar geleden, maar toch...
'Wat weet jij daar nou van?' vroeg ik kattig.
En toen stond ze ineens voor me!
'Zie je wel dat ik gelijk heb,' zei ze stellig.
Ik sloeg mijn handen vlug voor Laurel en Hardy.
Het was alsof ze mijn gedachten kon lezen. 'Je borsten zijn ook mooi.'

'Niet.' Er zat een rare piep in mijn stem. 'De dikke en de dunne.'
'Ik zag geen verschil, hoor.' Marscha blies een zeepbelletje van haar schouder.
'Je hebt je lenzen zeker nog niet in?' Maar ik voelde me wel wat beter.
'Die zijn alleen maar voor de show, dat weet je best.' Ze pakte mijn handen vast en trok ze weg. 'Niks om je voor te schamen.'
'Ik sta nog liever in mijn onderbroek,' zei ik wiebelig.
'Wist je dat mijn ene been een centimeter korter is dan het andere?' bekende Marscha.
'Wist je dat ik mijn borsten Laurel en Hardy noem?' zei ik.
We gierden het uit.
'Het is heel fijn dat jullie zo veel lol hebben,' klonk Stanleys stem vanachter de omheining. 'Maar wij willen onderhand wel ontbijten.'
'We komen,' hikte Marscha.

OEPS, IK KRIJG BORSTEN!
Alles over je new-born bulten en bh's bij *Glow*

The making of...
Gelukkig groeien borsten
niet in één nacht aan.
Dan zou je je rot schrikken.
De natuur heeft ervoor
gezorgd dat je langzaam
kunt wennen aan de
veranderingen van
je lijf. Eerst worden
je tepels groter, en
de rondjes eromheen

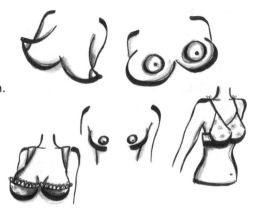

(de tepelhof). Soms veranderen ze ook van kleur (een beetje, niet zo erg
als een toverbal) en zijn gevoelig (au). Dan gaan zich heuveltjes vormen
(die bestaan uit melkklieren en vetweefsel). Soms groeit de ene borst
wat sneller dan de ander. Maak je niet druk, dat trekt wel weer bij (volkomen identieke tweelingen bestaan trouwens niet). De borsten vullen
zich verder met vet en worden groter en soms ook puntiger. Je hebt ze
in allerlei soorten en maten. Voor je menstruatie kunnen ze zelfs een
heel stuk boller zijn dan normaal.

Borstenblues
Soms is het best lastig om borsten te hebben. Tijdens het sporten kunnen ze behoorlijk in de weg zitten en als je heel zware hebt, kun je er
zelfs rugpijn van krijgen. Afschaffen die handel, zou je bijna zeggen.
Maar natuurlijk heb je niet voor niets borsten gekregen. Als je later een
baby krijgt, heb je mooi je eigen melkfabriek. Bovendien kunnen ze bij
het vrijen voor nog meer genot zorgen. En ook niet onbelangrijk: jongens zijn er dol op!

Wel of niet een bh?
Als je nauwelijks borsten hebt, hoef je niet per se een bh te dragen. Maar
heb je maatje watermeloen, dan is het verstandig om ze een steuntje in
de rug te geven. Anders loop je kans dat het elastische weefsel van je bor-

sten vroegtijdig uitrekt en je juweeltjes al snel gaan hangen. Ook tijdens het sporten kan het prettig zijn om een bh te dragen. Die geeft bescherming en het rent lekkerder als je borsten niet constant meewiebelen.

Maatje hoeveel?

Je hebt beugelbh's, bh's met gelvulling (voor de kleintjes onder ons), push-up-bh's (voor de zakkers), naadloze bh's (voor onder strakke truitjes), sport-bh's (voor tijdens de gymles) en sexy bh's (om je mooi te voelen). Keuze genoeg dus! Maar het belangrijkste is dat hij ook nog perfect past. Als de band op je rug steeds omhoogkruipt of je borsten uit hun cups puilen, heb je waarschijnlijk de verkeerde maat te pakken. Ga daarom vóór je een bh koopt, met de centimeter aan de slag:

1. Meet eerst de omtrek van je ribbenkast, net onder je borsten.

   65-69 cm: maat 65

   70-74 cm: maat 70

   75-79 cm: maat 75

   80-84 cm: maat 80

   85-89 cm: maat 85

   90-94 cm: maat 90

   95-99 cm: maat 95

2. Meet je borstomvang. Hou de centimeter recht maar niet te strak rondom het volste gedeelte van je borsten. Trek vervolgens het aantal centimeters van je ribbenkast af van het aantal centimeters van je borstomvang. Met de uitkomst kun je je cupmaat bepalen:

   tot 9 cm verschil: cupmaat AA

   10-11 cm verschil: cupmaat A

   12-13 cm verschil: cupmaat B

   14-15 cm verschil: cupmaat C

   16-17 cm verschil: cupmaat D

   18-19 cm verschil: cupmaat DD

Voorbeeldsommetje:

Je ribbenkast meet 79 cm.

Dan heb je dus maat 75.

Je borstomvang is 91 cm.

Daar trek je de maat van je ribbenkast af: 91−79=12.

Jouw bh-maat: cup 75B.

Eindcontrole

Als je een hekel aan rekenen hebt, kun je de juiste maat natuurlijk ook in een lingeriewinkel laten opmeten. En dan nog is de ene bh de andere niet. De bandjes mogen niet snijden (misschien zijn ze te dun of te lang) en niet afzakken (probeer dan een cupmaat kleiner). De bh-band mag niet te strak rond je ribbenkast zitten en moet iets onder je schouderbladen vallen. Pas een bh dus altijd aan voordat je hem koopt! En wat is er nou leuker dan een middagje bh-shoppen met je vriendinnen?

Safarihotel 2

Het hoofdgebouw stond op palen en had een hoog rieten dak. Er waren een receptie, een keuken, een bar en een eetzaal met één enorme tafel. Oom Rien zat aan het hoofdeinde en deelde de taken uit. 'Safira: keukeninspectie, instrueren personeel, menu's samenstellen, boodschappenlijsten...'

'Allemaal tegelijk?' mopperde Safira. 'De slavernij is al lang geleden afgeschaft, hoor.'

'Lieve keukenprinses,' zei oom Rien. 'Jij krijgt zelfs het onmogelijke voor elkaar.'

Karin lachte. 'Slijmerd.'

Maar het werkte wel. Met haar neus in de lucht verdween Safira naar de keuken.

'En wij?' vroeg Tim.

'Witten,' antwoordde oom Rien. 'Alle muren.'

'Witten?' Marscha keek als gehypnotiseerd naar Kayongo, die de flessenvoorraad in de bar inspecteerde. 'Bruin is veel mooier.'

'Nee, roze!' riep Marie-Fleur.

Tim deed alsof hij moest overgeven.

'Oranje dan?' stelde ik voor. 'Net als de wegen hier.'

'Ja, en dan maak ik een muurschildering, hier in de eetzaal.' Tim liet zijn vingers knakken. 'Giraffes, gnoes, leeuwen...'

'Said die staat te pissen,' zei Stanley grijnzend.

'Als je dat maar laat, maat.' Said deed alsof zijn wijsvinger de loop van een revolver was. 'Pjoeg.'

Ik kreeg meteen weer de rillingen.

'Heb je ook spannende klusjes?' Karin sloeg met een onzichtbaar zweepje. 'Ik wil best een olifant temmen, hoor. Dan kunnen de gasten een ritje op zijn rug maken.'

'Afrikaanse olifanten laten zich niet temmen.' Oom Rien keek op zijn klussenlijst. 'Maar het is wel fijn als iemand een oogje op het personeel houdt. De maatstaven van de westerse toerist liggen hoger dan die van de mensen hier.'

'Dat doe ik wel!' riep Marie-Fleur meteen. 'We hebben thuis een butler, dus ik ben het gewend.'

'Gewend om te commanderen, ja,' fluisterde Marscha.

'En er moet een inventarislijst opgemaakt worden,' vervolgde oom Rien. 'We hebben vast nog een hoop nieuwe spullen nodig.'

'Andere dekens.' De muffe lucht zat nog steeds in mijn neus.

'En een fatsoenlijke douche!' riep Marscha.

Marie-Fleur werd helemaal blij. 'Ja, het is toch een hotel en geen camping?'

'Ik wil het graag authentiek én goedkoop houden,' zei oom Rien kleintjes. 'Er is een generator voor de elektriciteit. En het personeel kan voor warm water zorgen als de gasten dat op prijs stellen.'

'Antivliegenspul voor de wc's,' bedacht ik.

'Tja, de toiletten...' Oom Rien wreef hulpeloos door zijn haar. 'Het zal niet meevallen om alles op en top te krijgen.'

Marscha sprong van haar stoel en ging achter hem staan. Ze sloeg haar armen om hem heen en gaf hem een zoen dat het knalde. 'Kop op, oompje. Je zult zien dat het Safarihotel net zo'n succes wordt als DST.'

Tim had genoeg spuitbussen bij zich om dríé muren te schilderen. Karin en Said dekten de vloer van de eetzaal af met kranten en plastic. Tim spoot de omtrekken van zijn piece op de muur. Een dansende chimpansee. Een giraf, die met zijn hals kronkelde. Swingende leeuwen en springende antilopen. En zelfs een wrattenzwijn met een walkman om zijn nek en een koptelefoon rond zijn oren. Stanley kleurde de dieren in.

'Swingen en zingen!' rapte Said. 'In het Safarihotel lukt dat wel.'

Oom Rien knikte tevreden. 'Lekker nummertje voor straks, op het openingsfeest.'

Marscha en ik verkenden gewapend met schrijfblok en pen als eerste de huisjes.

'Dekens, handdoeken, vloerkleedjes voor naast het bed,' somde Marscha op.

Ik schreef alles op de lijst.

Bij het tweede huisje stond een karretje met schoonmaakspullen. Twee Ugandese dames in lichtblauwe schorten kregen in bekakt Engels instructies van Marie-Fleur: 'Dus ook ónder het bed vegen. En daarna de vloer dweilen. Elke dag!'

Grinnikend liepen we verder.

Op ieder terras was een barbecue gemetseld.

'We zetten overal twee stoelen en een tafeltje,' zei ik. 'Dan kunnen de gasten voor hun huisje gaan zitten en naar de zonsondergang kijken.'

'Zooo romantisch.' Marscha zuchtte. 'Volgens mij is Kayongo behoorlijk pissig. Hij heeft geen woord meer tegen me gezegd.'

Ik krabbelde op het schrijfblok. 'Je kunt het hem toch uitleggen?'

'Ja hoor.' Ze lachte als een boerin met kiespijn. 'Lieve Kayongo, kan ik je even spreken over mijn onderbroek?'

Na een halfuurtje waren we klaar met onze waslijst en had Safira de keukenboodschappen opgeschreven.

Oom Rien humde instemmend en riep Kayongo. 'Hier zijn de autosleutels en mijn portemonnee.'

'Wacht!' riep Marscha.

Kayongo keek van haar weg.

'Ik geloof dat mijn nichtje ook mee wil,' zei oom Rien.

'Ga jij ook mee?' fluisterde Marscha tegen me. 'Als jij erbij bent, durft Kayongo vast geen ruzie te maken.'

**Problemen met je lijf,
je lover of je ouders?
Vraag Manja om raad!**
(Ook anonieme brieven
worden beantwoord)

Lieve Manja,
Ik heb een vriendin en ik vind haar echt heel lief en leuk en zo. Maar
als ze problemen met haar vriendjes heeft, probeert ze mij daar soms in
te betrekken. Dan wil ze dat ik in de buurt blijf, zodat hij geen ruzie met
haar durft te maken. Op zo'n moment voel ik me een beetje gebruikt en
daar baal ik van. Maar ik vind het ook moeilijk om haar dit duidelijk te
maken. Misschien ben ik wel geen goede vriendin als ik haar niet wil
helpen. Wat vind jij?
Een hartsvriendin

Lieve hartsvriendin,
Meelopers zijn zelden goede vriendinnen. Een écht goede vriendin zegt
er wat van als iets haar niet aanstaat. Waarom? Omdat echte vriend-
schap gebaseerd is op eerlijkheid en belangrijk genoeg is om de con-
frontatie aan te gaan. Vertel haar dat je haar heus graag wilt helpen,
maar dat je het gevoel hebt dat ze je af en toe gebruikt. Dat je de pro-
blemen met haar vriendjes graag aanhoort en mee wilt denken over mo-
gelijke oplossingen, maar dat je het heel vervelend vindt als je voor het
blok gezet wordt. Jij bent niet verantwoordelijk voor haar acties! Wan-
neer ze dat niet snapt, is het maar de vraag of ze zelf wel zo'n gewel-
dige vriendin is. Hou de eer aan jezelf. Klaarstaan is prima. Maar je bent
geen bliksemafleider!
Manja

Shoppen

'Stop!' riep Marscha zodra we een kudde antilopen tegenkwamen.
Kayongo remde braaf. *'Uganda kobs.'*
'Wat weet je toch veel,' slijmde Marscha.
Hij knikte ijzig beleefd.
'Hoe zeg je giraf in het Zuid-Afrikaans?' probeerde Marscha even
later.
'Kameelperd.' Hij keek niet eens om.
'Hé, Kayongo, doe nou eens gezellig,' smeekte Marscha.
'Ik weet niet wat je bedoelt, miss,' zei hij stijfjes.
Ze beet op haar lip en knipperde verwoed met haar wimpers. 'Je
weet best dat ik Marscha heet.'
'Ja, miss Marscha.'
Ze staarde wanhopig naar het dak van het busje.
'Leg het dan uit,' fluisterde ik.
Ze keek alsof ik gevraagd had of ze naakt uit een taart wilde sprin-
gen.

Kayongo parkeerde in de hoofdstraat en gaf ons wat geld. Toen
ging hij in een winkel verf kopen.
'Oranje!' riep ik hem na.
Hij stak zijn duim op, keek om en glimlachte.
'Tegen jou lacht hij wel,' zei Marscha jaloers.
Ik duwde de boodschappentas in haar hand en trok haar mee.
'Handdoeken.'
Via een steegje kwamen we op een zanderig marktpleintje. Er
werden pompoenen verkocht, pepers, limoenen, bananen en een
heleboel vruchten waarvan ik de naam niet eens kende. We liepen
de groente- en fruitafdeling voorbij, terwijl iedereen ons aan-
gaapte. Ik voelde me net een circusattractie, maar Marscha gaapte net zo hard terug.

'Moet je die kerstboom zien.' Ze knikte naar een man met kettingen van kralen en schelpen rond zijn hals en middel.

Een medicijnman, gokte ik, want zijn kraam lag en stond vol vreemde spullen. Steentjes, eieren, takjes, botten en potjes met smeerseltjes. Poppetjes van gedroogd gras. Tientallen flessen met vloeistoffen in allerlei kleuren van gifgroen tot pimpelpaars.

'Tegen hoofdpijn, depressies, malaria, buikloop,' legde hij in gebroken Engels aan ons uit, terwijl hij met zijn benige wijsvinger op de kurken tikte.

De drankjes zagen er vreselijk smerig uit. In een van de flessen zag ik zelfs een dode vlieg drijven!

'We zijn niet ziek,' zei ik snel.

En dat wilden we ook niet worden!

'Een amulet dan?' Hij tilde een geverfd schildje aan een touwtje op. 'Zolang je deze bij je draagt, hebben de boze geesten geen vat op je.'

Ik griezelde van zijn gele gebit. Hij miste twee voortanden.

'Hebt u ook iets voor geluk in de liefde?' vroeg Marscha.

De man zocht onder zijn kraam en goochelde een zakje aan een leren koordje tevoorschijn. Hij gaf het met een plechtig gebaar aan Marscha.

Ze schudde het leeg in haar hand. 'Een kiezel,' zei ze teleurgesteld.

'Het is geen gewone steen,' vertelde de man. 'Hij zorgt voor voorspoed en geluk.'

'Als hij er maar voor zorgt dat Kayongo weer met me wil zoenen.' Marscha liet de steen in het zakje glijden en hing het koordje om haar hals.

We kochten handdoeken in felle kleurtjes en in plastic verpakte dekens. In etappes brachten we ze naar het busje. Kayongo laadde een tiental emmers met verf in, en rollers en bakjes en kwasten.

'Wat ben je sterk,' zei Marscha, terwijl ze in het zakje met de kiezel kneep.

'*Dankie*,' antwoordde Kayongo.

Volgens mij was hij gewoon beleefd, maar Marscha fluisterde blij:
'Het steentje werkt nu al.'
Hij draaide het portier weer op slot. 'Wat staat er nog meer op het lijstje?'
'Stoelen, tafels, vloerkleden,' somde ik op.
'Kom maar mee.' Kayongo liep naar een garagedeur, die openstond.
Binnen stonden geen auto's maar zware donkerbruine meubels.
'Mooi?' Kayongo klopte op de leuning van een stoel.
Marscha keek hevig verschrikt. 'Leuk voor mijn oma, ja. Hebben ze niks moderners?'
Helemaal achterin vonden we een stapel klapstoelen en bijbehorende tafeltjes.
'Deze,' zei Marscha. 'En dan leggen we er die oranje kussentjes op.'
Kayongo verhuisde alles naar het busje. Wij zochten intussen ook nog een stapel vrolijk gekleurde matten uit.
Zodra we hadden afgerekend en weer buiten stonden, deed de eigenaar van de meubelzaak de garagedeur dicht.
'Is het nu al sluitingstijd?' vroeg ik verbaasd.
Kayongo lachte alsof ik een goeie mop had verteld. 'In Afrika hebben we een bekend spreekwoord: je werkt om te leven, maar je leeft niet om te werken.'
'Goeie!' riep Marscha. 'Kunnen we die tekst niet op een tegeltje laten zetten? Dan geven we het cadeau aan oom Rien.'
De stoelenverkoper slenterde naar een gebouwtje met een golfplaten dak. Ik dacht even dat het een gevangenis was, want er zaten tralies voor het raam. Maar toen ik naar binnen keek zag ik een paar mannen bier drinken. Een van hen droeg een zwarte hoed net als...
'Marsch, kijk!' Ik stootte haar aan. 'Crocodile Dundee.'
'Echt?' Ze gluurde opgewonden door de deuropening van het café. 'Dus niet.' Haar tong maakte een klakkend geluidje. 'Maar hij is wel lekker gespierd.' Toen dacht ze er pas aan dat Kayongo het ook kon horen. Ze sloeg haar hand voor haar mond.
'Ik heb die man al eerder gezien,' zei ik. 'Bij het Olympiahotel. Hij organiseert safari's voor toeristen.'

'Ik ga liever op safari met Kayongo!' riep Marscha met het volume van een gettoblaster.

Maar Kayongo had ineens watjes in zijn oren.

In een piepkleine supermarkt sloegen we een voorraad schoonmaakmiddelen en anti-insectenspray in. We kochten diepvrieskippen, worstjes, eieren, en een paar sandwiches die we meteen opaten. Daarna gingen we terug naar de markt voor Safira's boodschappen: zoete en gewone aardappelen, uien, zakken meel en rijst. Kayongo onderhandelde met een verkoopster over de prijs voor een gezinslading bonen, toen er ineens een afschuwelijk gekrijs klonk. Ik keek opzij en... mijn maag draaide zich om.

Een vrouw sleepte hardhandig een varkentje vooruit. Het zat met één poot vast aan een touw en gilde van angst. Het akelige geluid ging dwars door me heen.

'Wat zielig!' riep Marscha verontwaardigd.

Ik kon het niet meer aanhoren. Voor mijn ogen dansten zwarte vlekken en mijn benen gingen ineens op de automatische piloot.

'Wat ga je doen?' riep Marscha.

'Hem redden, natuurlijk.' Ik wurmde me tussen de mensen door.

Opzij, opzij, hier komt Fay van het dierenbevrijdingsfront.

Yes! Daar was het varken al. Hij hield zich zo stijf als een plank en zijn hoeven schraapten over de grond.

Straks brak hij nog een poot!

Nijdig keek ik naar zijn bazin. Goed zo, die troela had nog niks in de gaten. Ik hield mijn handen in de aanslag en... hebbes! Met mijn armen rond zijn spekbuik takelde ik het varken omhoog.

Oef, hij kronkelde als een paling.

'Rustig nou maar,' suste ik.

Maar hij bleef maar wriemelen en probeerde als een nat zeepje uit mijn handen te schieten. Zijn bazinnetje draaide zich om. Zodra ze zag dat ik haar varken probeerde te kidnappen, begon ze in een vreemde taal te schreeuwen. Haar ogen schoten vuur en ze zwaaide dreigend met het uiteinde van het touw.

Slik. Straks sloeg ze me nog een blauw oog!

Hèhè, daar kwamen Marscha en Kayongo eindelijk aan.

'Doe normaal!' riep Marscha tegen de vrouw.

Deed het varkentje ook maar normaal! Ik deed mijn best om hem als een baby'tje tegen mijn borst te klemmen, maar hij hapte telkens naar mijn kin.

Kayongo tikte op mijn schouder. 'Je kunt hem beter neerzetten.'

Ik piekerde er niet over. 'Hij gaat mee naar het Safarihotel.'

Marscha knikte woest. 'We laten hem echt niet bij die dierenbeul achter.'

Er kwamen steeds meer mensen om ons heen staan. Ze wezen en praatten en sommigen lachten. Ik had het gevoel dat ik in een slapstick meespeelde.

'*Asseblief*, Fay.' Kayongo zuchtte. 'Het is maar een *vark*.'

'Varkens hebben ook rechten!' zei ik boos.

Kayongo draaide zijn ogen naar de lucht en riep vervolgens iets tegen de vrouw. Het leek wel een toverspreuk, want ze werd meteen stil en stak vijf vingers op.

Hints, dacht ik. Vijf woorden.

Kayongo liet drie vingers zien, de vrouw vier en toen knikten ze allebei. Kayongo haalde de portemonnee van oom Rien tevoorschijn en de vrouw liet het touw op de grond vallen.

Marscha juichte. 'Ik geloof dat we zojuist een varken hebben gekocht!'

Dvd van de maand

CROCODILE DUNDEE IN LOS ANGELES
Simon Wincer

Acteur Paul Hogan kan er maar niet genoeg van krijgen. Ook in dit derde (!) deel van Crocodile Dundee speelt hij de rol van Mick, een stoere Australiër die aan de toeristen laat zien hoe je krokodillen vangt. Dan krijgt zijn vrouw Sue een baan als hoofdredacteur bij een krant in LA aangeboden. Natuurlijk gaan Mick en zijn achtjarige zoontje Mikey ook mee. Als Sue ontdekt dat een filmmaatschappij zich met stinkende zaakjes bezighoudt, is Mick vast van plan om zijn jachttalent te gebruiken. Of je nou krokodillen vangt of criminelen...
De film zit vol grappen, maar soms zijn ze wel een beetje flauw. Vooral geschikt om te bekijken in een melige bui dus!

Glows oordeel: ***

Miss Piggy

Niet alleen de tank was weer vol. Het busje ook. Marscha en ik zaten als sardientjes tussen de boodschappen, met onze voeten op een zak bonen en het varken op onze schoot. Ik zag nu pas dat het overduidelijk een vrouwtje was.

'Hé, miss Piggy,' zei Marscha, terwijl ze de spartelende varkenspootjes voor de zoveelste keer omlaag duwde. 'Blijf nou eens liggen.'

'Miss Piggy!' Ik grinnikte.

'Lach maar,' zei Marscha quasi-boos. 'Straks zit er een ladder in mijn beenwarmers.'

Ze had haar zebragestreepte weer aan.

'Kousenmishandeling is minder erg dan dierenmishandeling,' zei ik.

We keken samen naar het krulstaartje en de fladderige oren.

Ik smolt helemaal. 'Is het geen scheetje?'

Prrrt! deed miss Piggy.

'Scheetjúúú.' Marscha wapperde langs haar neus.

Kayongo draaide het raampje verder open.

Als ze maar niet moet poepen, dacht ik benauwd.

Gelukkig hield miss Piggy het netjes tot we bij het Safarihotel waren. Ik tilde haar samen met Marscha uit het busje en zette haar op de grond. Ze produceerde een bruine klodder en begon meteen in het zand te wroeten.

'Een varken?' Oom Rien knipperde ongelovig met zijn ogen. 'Die stond toch niet op het boodschappenlijstje?'

'Natuurlijk niet.' Safira zette haar handen in haar zij. 'Ik had diepvrieskippen besteld. Die hoef je tenminste niet meer te slachten.'

'S-slachten?' stamelde ik.

'Een varkenslapje als barbecuehapje,' rapte Said.

Ik had heel veel zin om hém op de barbecue te leggen! 'Niemand eet miss Piggy op!'

Marscha knikte hevig. 'We hebben haar juist gered.'

We? dacht ik.

'Dat is heel mooi, maar waar laten we haar?' vroeg Stanley droogjes.

Ai, daar had ik nog niet aan gedacht.

Tim knielde voor miss Piggy en maakte een foto. 'We kunnen morgen een hok voor haar timmeren.'

'Goed plan!' riep ik enthousiast. 'En ze kan best één nachtje bij Marscha en mij logeren.'

Karin giechelde. 'Schijt ze wel heel je bed onder.'

'We hebben de huisjes net extra goed schoongemaakt,' mopperde Marie-Fleur.

Marscha hmpfte. 'Het personeel, bedoel je?'

'Kan miss Piggy niet gewoon buiten slapen?' vroeg Tim. 'Als we haar aan een paal vastbinden...'

'Tussen de wilde dieren zeker?' Ik tikte tegen mijn voorhoofd.

Het was een paar seconden stil, op het knorren van miss Piggy na.

'Ik weet het!' riep Stanley toen. 'We zetten haar in de doucheruimte. Dan kan ze niet weglopen en ook niet opgegeten worden.'

Kijk, daarom was ik nou zo gek op hem!

Even later scharrelde miss Piggy onwennig in het grassige zand onder de waterzakken. Marscha voerde haar aardappelschillen en ik zette een drinkbakje neer.

'Dag, miss Piggy!' riep Marscha met een hoog stemmetje alsof ze het tegen een baby'tje had.

Ik deed het deurtje van de doucheomheining dicht. 'Niet bang zijn, lieffie. Morgen komen we je weer halen.'

Voor de zekerheid voelde ik drie keer aan het slot.

'Het zít dicht.' Marscha leek ineens wel een springveer. 'Kom nou. Ik kan Kayongo niet zo lang missen.'

Ze had hem vijf minuten niet gezien!

De rest van de feestcommissie was al druk bezig met het uitladen van het busje. Tim verhuisde een zak rijst naar de keuken. Said strompelde met twee emmers verf achter hem aan en Karin torste een doos met schoonmaakmiddelen op haar schouder.

'Daar hebben we toch personeel voor?' hoorde ik Marie-Fleur op een klagerig toontje zeggen.

Ze droeg alleen een paar rollers en kwasten!

Marscha en ik pakten de oranje kussentjes van de achterbank en liepen naar de huisjes.

Stanley zette samen met Kayongo de stoelen en tafels op de terrassen.

'Wat is het toch een lekkertje,' fluisterde Marscha. Ze bleef stilstaan. 'Hou eens vast.' Ze stapelde haar kussentjes boven op die van mij. Daarna haalde ze met een plechtig gebaar de gelukssteen uit het zakje. 'Zou hij echt werken?'

Ik trok heel voorzichtig mijn schouders op. 'Misschien moet je er een wens bij doen.'

'Ik wens, ik wens...' Marscha keek in opperste concentratie naar de kiezel.

'Schiet nou maar op,' zei ik met een blik op de wankele kussentoren.

'...dat ik vanavond met Kayongo naar de sterren ga kijken.' Toen gaf ze de steen een kusje. Echt waar!

**Problemen met je lijf,
je lover of je ouders?
Vraag Manja om raad!**
(Ook anonieme brieven
worden beantwoord)

Lieve Manja,
Mijn beste vriendin is verliefd op een jongen. Maar toen hij zijn arm om
haar heen legde, besefte ze ineens dat ze in haar onderbroek stond (lang
verhaal). Ze schaamde zich kapot en rende zonder iets te zeggen weg.
Vanaf dat moment gedraagt hij zich heel afstandelijk, al doet mijn vriendin nog zo aardig. Hoe kan ze ervoor zorgen dat het weer goed komt?
Groetjes van een gebroken-harten-lijmer

Lieve gebroken-harten-lijmer,
Die jongen voelt zich waarschijnlijk beledigd en gekwetst. Er is maar
één oplossing: je vriendin moet uitleggen waarom ze zo onvriendelijk
tegen hem deed. (Waarom zou je je trouwens schamen voor je onder-
broek? De slipjes van tegenwoordig zijn net zo leuk als bikinibroekjes.)
Groetjes van Manja

Afgang!

Ik legde de laatste twee kussentjes op de stoelen.

'Veel gezelliger,' zei Marscha na een keurende blik.

Stanley probeerde meteen uit of ze ook nog lekker zaten en trok me op zijn schoot.

Vanuit mijn ooghoeken zag ik Marscha verlangend naar Kayongo kijken. De gelukssteen werkte voorlopig nog voor geen meter. Kayongo deed iets onduidelijks met het rooster van de barbecue en keek niet terug. Arme Marscha!

'Straks,' zei ik, terwijl ik me uit Stanleys armen wurmde. 'We moeten eerst de nieuwe dekens nog uitpakken.'

Hij trok een verongelijkt gezicht.

'En Kayongo aan Marscha koppelen,' fluisterde ik in zijn oor.

Stanley haalde de dekens uit het busje en ik rukte het plastic eraf.

'Zullen wij samen de bedden opdekken?' vroeg Marscha met haar speciale glimlachje aan Kayongo. Zodra hij knikte, liep ze met een deken alvast ons huisje in.

Ik had Kayongo achter haar aan moeten duwen! Voor ik iets kon zeggen, pakte hij een andere deken en verdween in het huisje van de buren.

Wat een megasukkel! Stanley en ik keken elkaar hulpeloos aan.

'Hé Kayongo, waar blijf je nou?' Marscha's hoofd piepte door de deuropening.

Ik wees naar het buurhuisje. 'Ik geloof dat hij het nog niet helemaal doorheeft.'

Marscha beet op haar lip.

We aten met zijn allen aan de grote tafel in de eetzaal. De muurschildering leek zo echt, dat ik het gevoel had dat de leeuwen me elk moment konden bespringen.

'Supergaaf, Tim,' zei ik.

'Een meesterwerk.' Marscha had geregeld dat ze naast Kayongo zat. 'Vind je ook niet?' vroeg ze aan hem, terwijl ze bijna ín zijn ogen kroop.

'Ja, *skitterend.*' Kayongo nam een hap van zijn rijst.

Maar Marscha was nog niet klaar met haar interview. 'Kun jij goed schilderen?'

'Dan mag je ons morgen helpen met witten!' riep Marie-Fleur voor haar beurt.

Kayongo's hoofd draaide als een schotelantenne haar kant op. Het was dat ze te ver weg zat, anders had ik Marie-Fleur een schop onder de tafel gegeven.

'Niet witten,' zei ik snibbig. 'We hebben oránje verf gekocht.'

'Gelukkig geen roze,' fluisterde Tim.

'Oranje dan.' Marie-Fleur glimlachte naar Kayongo. 'Net als de shirtjes van het Nederlands elftal.'

'Sinds wanneer ben jij geïnteresseerd in voetbal?' vroeg Stanley verbaasd.

'Niet in voetbal, maar wel in sportkleding.' Marie-Fleur stond op. 'Jullie hebben nog niks van mijn nieuwe joggingpak gezegd.'

Said haalde zijn schouders op. 'Ik draag liever trainingspakken.'

'Het is anders een echte Beckham, hoor!' zei Marie-Fleur trots.

Ik verwachtte bijna dat ze een modeshow ging geven.

'Ah, David Beckham!' Kayongo roerde met zijn lepel in de lucht. 'Geweldige speler.'

'Ik bedoel natuurlijk Victória Beckham.' Marie-Fleur ging teleurgesteld zitten, omdat er toch niemand keek.

'Nederlands voetbal is ook niet slecht,' vervolgde Kayongo enthousiast. 'Johan Cruijff, Van Basten, Van Gaal...'

'Kayongo kent ze allemaal!' rapte Said.

'Voetbal is voor watjes.' Karin schepte een onzichtbare bal uit de lucht. 'Geef mij maar rugby. Daar mag je tenminste lekker bij beuken.'

'Karin is soms nogal bloeddorstig,' legde Marscha aan Kayongo uit. Ze legde haar hand vertrouwelijk op zijn koffiebruine arm.

Dat had ze beter niet kunnen doen...

Kayongo reageerde alsof ze een gloeiend strijkijzer op zijn vel had gezet. Hij trok zijn arm zo schielijk terug dat de lepel uit zijn vingers schoot en keihard op zijn bord kletterde.

Iedereen staarde hem aan. Kayongo mompelde 'sorry' en begon weer te eten, maar Marscha werd diepdonkerrood.

'Ik voel me niet zo lekker.' Ze duwde het bord van zich af.

'Zomaar ineens?' vroeg Kayongo oenig.

Ja, hèhè.

Marscha stond op en vluchtte de eetzaal uit.

'En het toetje dan?' riep Safira haar na.

Ik stond met een schaaltje chocoladepudding in ons huisje. Marscha zat op haar bed en probeerde haar kussen te wurgen.

'Hoe voel je je?' vroeg ik bezorgd.

'Verschrikkelijk.' Er zaten tranen in haar stem. 'Wat een afgang! Nu weet iederéén dat Kayongo me niet meer wil.'

'Welnee, joh.' Ik schoof de klamboe opzij en ging op de rand van haar bed zitten. 'Ze denken hoogstens dat hij onhandig met mes en vork is.'

'Het was een lepel.' Ze trok met haar mondhoek. Ik hoopte dat ze zou gaan lachen, maar in plaats daarvan zei ze jaloers: 'Tegen Marie-Fleur deed hij wel aardig.'

Ik dacht aan nonkel Caleb met zijn drie vrouwen. 'Niet aardiger dan tegen mij of Karin of Safira.'

'Echt wel!' Marscha rukte ineens het koordje van haar hals. 'Stomme pechsteen!' Ze mikte het zakje naar het voeteinde. Het verdween ergens tussen de klamboe en het bed.

'Ik kom deze kamer niet meer af tot we naar huis gaan,' zei ze schor.

'Maar je wilde juist géén hotelarrest.' Ik aaide Marscha's knie. 'Trouwens, je kunt oom Rien toch niet in de steek laten?'

Ze schokschouderde. 'Zeg maar dat ik een acute aanval van malaria heb.'

'Hier.' Ik zette het schaaltje pudding op haar kussen. 'Chocola

helpt in ieder geval bij liefdesverdriet. En misschien ook wel tegen malaria.'

'Niet zo goed als bitterballen,' zei ze sip.

'Kom op, Marsch.' Ik duwde het lepeltje in haar handen. 'Safira
vermoordt je als je haar toetje laat staan.'

'Kan mij het schelen?' mopperde Marscha. 'Ben ik tenminste van
alle ellende af.'

Maar toen begon ze toch te eten.

INTERVIEW VAN DE MAAND

Goed nieuws voor chocoholics!

Chocola is niet slecht maar gezond.
Volgens chocoprinses Laura Kaufman
tenminste.
Glow bezocht de kunstenares
in haar chocoladeatelier.

**Was je vroeger ook al
chocoladegek?**

Nou en of! Ik vroeg
steevast chocoladeletters
met sinterklaas en had
altijd een Mars in mijn
tas. En als een vriendje
het uitmaakte, trakteerde
ik mezelf op bonbons om
me beter te voelen.

Maar snoepen is toch ongezond?

Het is juist goed om af en toe een stukje chocola te eten. Het wordt gemaakt van cacaobonen, de pitten van de vruchten van de cacaoboom.
In cacao zitten anti-oxidanten, die gezond zijn voor je bloeddruk en
bloedvaten. Onderzoeken hebben uitgewezen dat – vooral pure – chocolade zelfs helpt tegen hart- en vaatziekten en hersenbloedingen!

Maar je wordt er wel dik van...

Tja, je moet natuurlijk niet in één keer een hele reep – dat is zo'n 250
calorieën – naar binnen proppen. Maar van af en toe een klein stukje
kom je heus niet meteen kilo's aan. Het is trouwens ook een fabeltje dat
je acne van chocola krijgt.

Waarom eten we eigenlijk zo graag chocola?

Het smeltpunt ligt net iets lager dan je lichaamstemperatuur. Daarom
kun je chocola zo heerlijk in je mond laten smelten. Er zit cafeïne en
theobromine in, waardoor je een opkikker krijgt. En serotonine, wat tegen depressies helpt. Het eten van chocolade zorgt bovendien voor de

aanmaak van endorfine in je lichaam, een stofje dat de pijn verlaagt en je een gelukzalig gevoel kan geven.

Hoe ben je op het idee gekomen om chocoladekunst te gaan maken?

Mijn vader is beeldhouwer, dus ik ben in de kunstwereld opgegroeid. Toen ik op een chocoladebeurs kwam en daar een chocolade replica van een formule1-racewagen zag staan, dacht ik: beelden hoeven niet per se van brons of steen te zijn. Je kunt ze ook van chocolade maken.

En nu sta je zelf op chocoladebeurzen?

Ik heb inderdaad regelmatig tentoonstellingen in bijvoorbeeld Italië. Maar chocoladekunst is maar een klein onderdeel van zo'n beurs. Je kunt er niet alleen kijken, maar ook proeven en chocoladerecepten uittesten. En wat dacht je van chocoladetherapie? Je huid in laten pakken met chocola of een gezichtsmasker van chocolade laten aanbrengen. De echte liefhebber kan zelfs een bad in chocolade nemen.

Wat is het gekste of meest bijzondere kunstwerk dat je ooit hebt gemaakt?

Een chocolade-iglo. Hij is een poosje echt bewoond geweest, tot hij werd opgegeten.

Heb je nog tips voor onze lezeressen?

Eet vooral pure chocolade, want die is het gezondst. Witte chocolade niet, die bevat alleen cacaoboter. Snoep met mate. En als je het doet: voel je vooral niet schuldig en geniet!

Geronk in de nacht

Ik zat in het busje en keek door de achterruit. Vier joekels van leeuwen renden achter ons aan! Het kwijl droop uit hun muilen en ze gromden angstaanjagend.

'Gas, Stanley!' schreeuwde ik. 'Gas!'

De motor gromde en...

Ik ging rechtop zitten en tastte om me heen. Bed. Deken. Safarihotel.

Suffie, dacht ik. Je hebt gedroomd.

Maar ik hoorde nog steeds gegrom. Een auto! Wat deed die midden in de nacht op het terrein?

Ik zocht naar het bedlampje en klikte het aan.

'Wat is er?' Marscha wreef de slaap uit haar ogen. 'Hè? Hoor ik nou een wagen rijden?'

We zwegen even en luisterden.

'Oom Rien kan het niet zijn,' zei Marscha. 'Die gaat echt niet op dit tijdstip rondtoeren.'

Nee, maar wie dan wel...

'Autodieven!' riep ik uit.

We vlogen onder onze klamboes vandaan en deden een wedstrijdje wie zich het snelst kon aankleden. Broek, fleecejack. Oh ja, schoenen.

Het motorgeronk ging maar door.

'Die dief is wel heel stom,' zei Marscha, terwijl ze haar voeten in haar leeuwengympen propte. 'Als je een busje pikt, blijf je toch niet in de buurt rondrijden?'

'Jatten is sowieso stom.' Ik liep op een holletje naar de deur en maakte hem open.

Het was ons busje niet. En ook niet de landrover van het hotel.

Een jeep met felle koplampen reed zigzaggend door het savannegras.

217

Buiten leek het wel spitsuur. Stanley, Tim en Said stonden op ons terras en vanuit het donker zag ik oom Rien aan komen lopen met...

'Ik wist niet dat er roze spoken bestonden,' zei Marscha.

Het was geen spook, maar Marie-Fleur. Ze droeg een zalmroze nachtjapon met rushes.

'Hoe kan ik nou slapen met die herrie?' mopperde ze. 'Morgen heb ik gigantische wallen onder mijn ogen.'

Ik dacht aan haar gezinskoffer. Daar zaten vast wel oogmaskertjes in.

'Wat gaaf!' hoorde ik Karin ineens naast me zeggen. 'Die zijn natuurlijk op nachtsafari.'

Ze kon wel sluipmoordenares worden, ik had haar helemaal niet aan horen komen.

'Gaaf?' Stanley snoof. 'Gestoord, bedoel je?'

'Safarigidsen jagen het wild nooit op.' Oom Rien keek bezorgd. 'Volgens mij zijn het stropers.'

'Kun je ze niet op de foto zetten?' vroeg Marie-Fleur aan Tim. 'Dan kunnen we ze aangeven bij de politie voor geluidsoverlast.'

Alsof dat erger was dan stropen!

'Het is veel te donker om te fotograferen,' legde Tim geduldig uit.

Marie-Fleur dacht een seconde na. 'Je kunt toch flitsen?'

Marscha lachte schamper. 'Niet op dertig meter afstand, sufferd.'

Pats! Op het dak van de jeep ging plotseling een enorme schijnwerper aan.

Over flitsen gesproken...

'Jemig.' Marscha hield haar hand voor haar ogen.

De straal draaide van ons weg en scheen nu recht vooruit. Ik zag iets groots en grijs.

'Een neushoorn!' schreeuwde Karin. 'Ze zitten achter een neushoorn aan!'

Het arme dier vluchtte weg van het licht.

Laat die rotzakken een lekke band krijgen, wenste ik op mijn allerhardst. Of nog beter: vier lekke banden!

Maar de jeep bleef als een vuurspuwend monster achter de neushoorn aanhobbelen.

Oom Rien wrong in zijn handen. 'Die lui zijn in staat om hem neer te knallen, alleen maar voor zijn hoorn.'

Ik dacht weer aan de geweerschoten in het oerwoud en kreeg kippenvel.

'Kom op, dikbil, hollen, anders gaan ze je mollen,' moedigde Said de neushoorn aan.

Stanley balde zijn vuisten. 'Ik kan die rotzakken ook wel mollen.'

'Jaaa!' riep Karin. 'We achtervolgen ze met het busje en de landrover en dan rijden we ze klem.'

'Maar misschien hebben ze wapens,' zei ik zenuwachtig. 'Net als...'

Marscha gaf een ruk aan mijn vingers en knikte naar oom Rien.

'Nou moe!' mopperde ik.

'Fay heeft gelijk, het is veel te gevaarlijk.' Oom Rien sjorde aan zijn pyjamabroek. 'Bovendien is het de taak van de parkwacht om het wild te beschermen. Kayongo is al aan het bellen.'

Bij het woord 'Kayongo' ging er een rilling door Marscha heen.

'Als ze dan maar op tijd hier zijn.' Marie-Fleur wipte met haar pantoffel. 'De mensen van hier zijn niet zo snel.'

'Oh nee?' zei Marscha fel. 'De beste marathonlopers zijn anders altijd Afrikanen.'

'Die neushoorn kan ook wel aan de marathon meedoen.' Tim tuurde over de savanne. 'Hij is de struiken in gerend, volgens mij zijn ze hem kwijt.'

Met ingehouden adem keek ik naar de jeep. Hij stopte!

'Ze geven het op!' riep ik blij.

De schijnwerper doofde. De jeep reed achteruit en draaide naar links. Hij ging niet dóór het struikgewas, maar reed er met een grote boog omheen. De rode achterlichten werden kleiner en kleiner, hij maakte een bocht en toen was hij weg.

Pfff, de neushoorn had het vast overleefd.

Voetstappen.

'Hoi, Kayongo,' zei Marie-Fleur.

Marscha was ineens druk met de veters van haar leeuwengympen.
'Wat zeiden ze?' Oom Rien keek Kayongo onderzoekend aan.
'Ze namen niet op.' Kayongo stak zijn handen in zijn zakken. 'Ik probeer het morgenvroeg nog wel een keer.'
'Dan zijn die stropers allang verdwenen,' zei ik teleurgesteld.
Marie-Fleur trok een zie-je-nou-wel-dat-ik-gelijk-had-gezicht.
Tim rekte zich uit. 'Ik ga pitten, mensen. We kunnen toch niks meer doen.' Hij stak zijn hand op en verdween naar zijn huisje.
'Goed plan.' Said sloeg zijn arm om Karin heen. 'Kom schatje, dan zal ik je instoppen.'
Marie-Fleur liep achter hen aan. 'Welterusten.'
Oom Rien geeuwde en knikte. 'Ja, slaap lekker allemaal.'
Toen waren we nog maar met zijn vieren op het terras. Marscha strikte voor de derde keer haar veters. Ik dacht aan haar wens: dat ze vanavond met Kayongo naar de sterren wilde kijken.
Met een beetje hulp werkte de gelukssteen toch nog!
'Zo hé,' zei ik met mijn hoofd in mijn nek. 'Moet je die sterren zien.'
De hemel leek net een zwartfluwelen plafond met miljoenen lampjes.
Stanley klakte met zijn tong. 'Daar kan Philips nog een puntje aan zuigen.'
Marscha probeerde tegelijkertijd omhoog te komen én te kijken.
Ze verloor bijna haar evenwicht, maar Kayongo pakte haar net op tijd vast.
'Wauw,' zei ze.
Ik wist niet of ze de sterrenhemel bedoelde of Kayongo's actie.
Zijn wijsvinger priemde in de lucht. 'De melkweg.'
Marscha knikte heel geïnteresseerd.
Ik deed een stapje achteruit en trok Stanley aan zijn mouw. Deze keer snapte hij meteen wat ik bedoelde. Op onze tenen slopen we weg.

'Hèhè, eindelijk met zijn tweetjes,' zei Stanley, toen we aan de achterkant van de doucheruimte stonden.

Ik hoorde miss Piggy achter de omheining zachtjes knorren.

'Met zijn drietjes,' zei ik lachend.

Stanley sloeg zijn armen om me heen en zijn gezicht kwam langzaam dichterbij.

Ik moest mezelf bijna knijpen om het te geloven: Afrika, sterrenhemel...

En dan ook nog zoenen!

**Problemen met je lijf,
je lover of je ouders?
Vraag Manja om raad!**
(Ook anonieme brieven
worden beantwoord)

Lieve Manja,
Ik ben vreselijk kwaad omdat er mensen zijn die dieren mishandelen.
Daar wil ik iets aan doen! Hoe kan ik dat het beste aanpakken?
Groetjes van een dierenvriendin

*Lieve dierenvriendin,
Je zou lid kunnen worden van een organisatie die opkomt voor de rechten van dieren. De dierenbescherming bijvoorbeeld, of het Wereld Natuur Fonds. Je kunt ook speciale acties van Greenpeace met een geldbedrag steunen, zoals het tegengaan van de walvissenjacht. Is je zakgeld niet toereikend? Organiseer dan een benefietfeest of een sponsorloop. Soms helpen handtekeningenacties om bepaalde zaken voor elkaar te krijgen. Haal je ouders over om vlees alleen nog maar bij de groene slager te kopen. Tja, dat kost wel wat meer, maar wat op je bord ligt, heeft in elk geval een goed leventje gehad. En vinden ze dat echt onbetaalbaar, kun je ook voorstellen om niet iedere dag vlees te eten (vegetariërs eten het nooit). Als je een huisdier wilt aanschaffen, zoek er dan eentje uit in het asiel. Heb je weer een beestje gered!
Groetjes van Manja*

Oordoppen

Marscha zat op haar knieën en tastte onder haar bed. 'Yes!' Ze hield het zakje met de gelukssteen omhoog.
'Gefeliciteerd.' Ik reikte naar het bedlampje. 'Kan het licht nu dan uit?'
'Eerst nog een wens doen.' Ze kwam overeind en schudde de kiezel uit het zakje. 'Ik wens, ik wens...'
'Dat we eindelijk kunnen gaan slapen,' zei ik.
'Nee, een kus van Kayongo.' Marscha tuitte haar lippen en oefende alvast op de steen.
Daarna kwam ze mij ook nog een nachtzoen geven. 'Je bent een...' – smak! – '...supervriendin.'
Ik hoopte dat de steen morgen weer zo kéígoed zou werken.

De volgende ochtend aten we roereieren met spek aan de grote tafel. Marscha vertelde Safira over de jeep en de neushoorn.
'Ik snap niet hoe je erdoorheen hebt kunnen slapen,' zei oom Rien.
Safira prikte in haar ei. 'Dat komt door mijn oordoppen.'
'Oordoppen?' Stanleys wenkbrauwen wipten omhoog. 'Maar het is hier 's nachts doodstil.'
'Anders word ik wakker van mijn eigen gesnurk,' bekende ze.
Iedereen moest lachen. Safira het hardst van allemaal.

Ik verzamelde de restjes van het ontbijt op een schaal.
'Ga je dat ook nog allemaal opeten?' vroeg Marie-Fleur vol afgrijzen.
'Het is niet voor mij maar voor miss Piggy,' legde ik uit.
'Ik heb buiten een paar oude kastdeuren zien staan,' zei Safira. 'Prima materiaal voor een varkenshok, lijkt me.'
Karin sprong meteen van haar stoel. 'Ik help wel met timmeren.'

Stanley dook met zijn handen op zijn hoofd in elkaar. 'Zet dan allemaal maar een valhelm op.'

'Zo onhandig ben ik heus niet!' riep Karin verontwaardigd.

Dus wel! Je kon haar net zo goed meteen een slóóphamer geven.

Said gebruikte zijn koffiekopje als microfoon en rapte: 'Mijn meisje en ik gaan verven, zodat ze haar mooie vingers niet kan bederven.'

'Mag ik ook nog zelf beslissen?' mopperde Karin.

'Said heeft gelijk,' zei make-upadviseuse Marie-Fleur. 'Oranje nagels zijn minder erg dan blauwe duimen.'

'Als jullie met de binnenmuren willen beginnen?' Oom Rien knikte naar het raam. 'Het personeel is de huisjes al aan het leegruimen.'

'Kom, schatje.' Said pakte Karin bij de hand. 'Dan zetten we er een lekker hiphopmuziekje bij op.'

Safira begon de borden op te stapelen. 'En nu allemaal wegwezen, want ik heb de eetzaal nodig. De keukenploeg krijgt een cursus tafeldekken en bedienen.'

Marie-Fleur bood zich meteen aan als assistente. 'Ik weet alles van tafeletiquette.'

Inderdaad, dacht ik. Vooral hoe je moet opscheppen.

Het varkensverblijf voor miss Piggy werd prachtig. De kastdeuren deden dienst als muren, het poortje maakten we van kreupelhout. Kayongo liet zien hoe je de takken met touw aan elkaar kon binden.

'Beauty en brains en ook nog handig,' fluisterde Marscha met een idolate blik.

'Heb je de parkwacht nog kunnen bereiken?' vroeg ik aan Kayongo.

Hij knikte. 'Ze zullen zo wel komen.'

Het was alsof hij voorspellende gaven had: ik zag in de verte een jeep rijden.

'Daar zijn ze!' Marscha sprong op en neer en zwaaide. 'Hiero!'

Maar de auto reed gewoon verder en verdween tussen het struikgewas.

'Nou moe,' zei Marscha. 'Ze komen niet eens met ons praten.'

Ik kreeg ineens een akelig voorgevoel. 'Stel je voor dat het die stropers weer zijn. Die wagen van vannacht was ook een jeep.'

'Logisch, iedereen rijdt hier met een jeep. De parkwacht natuurlijk ook.' Tim tikte het poortje vast. 'En trouwens, ze hebben toch al met Kayongo gepraat?'

'Die was er niet eens bij,' zei ik fel. 'Hij stond te bellen toen we die neushoorn zagen.'

'Je vertrouwt het echt niet, hè?' Stanley legde zijn hand op mijn schouder. 'Zullen we anders even gaan kijken?'

Kayongo trok een bedenkelijk gezicht. 'Maar nonkel Rien...'

'Oom Rien hoeft het toch niet te weten?' Marscha stond al in de starthouding. 'En overdag durven ze vast geen wapens te gebruiken.'

Had ik Safira's oordoppen maar in gehad. Ik was meteen bloednerveus.

Wat staat er deze week
in de sterren?
Je leest het in de
**GLOW-ING STARS
HOROSCOOP**

Schorpioen
24 oktober – 22 november
Het is te hopen dat je deze
week extra stressbestendig bent,
want er wordt veel van je gevraagd.
Een bepaalde gebeurtenis zorgt ervoor dat je een belangrijke beslissing
neemt. Wedden dat jij uiteindelijk supersterk uit de strijd komt? Glow
for it!

Strikken

Het busje ploegde over een wildpaadje tussen de struiken door. Ik kon de takken tegen de ramen en de lak horen krassen.

'Gelukkig is het een huurauto,' zei Tim.

'Huurbúsje.' Ik hield me vast aan de handgreep in het portier. 'Als we maar niet vast komen te zitten.'

Kayongo stuurde en bijrijdster Marscha speelde voor navigator.

'Zie je ze al?' vroeg ik voor de zoveelste keer.

Ze drukte haar neus tegen de voorruit. 'Nee, nee... ja, stóóóp!'

De jeep doemde ineens voor ons op. Kayongo kon nog net een kop-staartbotsing voorkomen.

'Au!' riep Marscha, die bijna met haar knieën in het dashboard zat.

'Sorry,' mompelde Kayongo.

Tim nam een foto van het nummerbord. 'Bewijsstuk nummer één. Voor het geval dat het toch die stropers zijn.'

We keken eerst goed of er geen leeuwen in de buurt waren en stapten toen uit.

Stanley raapte een tak op. 'Ook voor het geval dat.'

Ik werd er alleen maar zenuwachtiger van. En dat werd nog erger zodra ik stemmen hoorde. Iemand vloekte in het Engels.

'Die kant op,' fluisterde Stanley.

We liepen om de jeep heen.

Daar! Tussen het gebladerte schemerde een zwarte hoed. De eigenaar die erbij hoorde, draaide zich om. Er ging een schokje van herkenning door me heen.

'Crocodile Dundee!' riep Marscha.

Ik haalde opgelucht adem. 'Hij is safarigids.'

'Die kruipen toch niet in de bosjes?' vroeg Stanley ongelovig.

Marscha haalde haar schouders op. 'Je hebt ook avontuurlijke wandelsafari's.'

Crocodile Dundee keek ons onderzoekend aan. Hij verstond er

natuurlijk geen hout van. Ik voelde me ineens heel onbeleefd en groette hem vlug in het Engels.

Als antwoord tilde hij zijn hoed even op.

Naast hem stond een zwarte jongen met konijnentanden. Zo keek hij ook: als een verschrikt konijn. Was hij soms niet gewend aan zo veel witte mensen? Maar een gids zag toch iedere dag...

Het drong ineens tot me door: 'Waar zijn de toeristen eigenlijk?'

'Ja.' Marscha speurde rond. 'Jullie zijn toch op safari?'

'Nee, vandaag help ik Teacher.' Crocodile Dundee sloeg de konijnenjongen zo hard op zijn schouder dat hij bijna dubbel klapte. 'Teacher is ranger bij het antistrikkenteam.'

Toen zag ik het bouwwerkje van ijzerdraad pas. Het hing tussen twee struiken over het pad.

'We sporen strikken op en maken ze onklaar.' Crocodile Dundee wees naar de tak in Stanleys hand. 'Mag ik?'

We keken ademloos toe hoe hij de tak in de richting van de strik bewoog.

Tsjak! Een lus van ijzerdraad snoerde zich diep in het hout, met zo veel kracht dat de tak uit Crocodile Dundees handen wipte.

Ik werd misselijk. Stel je voor dat het de poot van een dier was geweest!

'Stelletje sadisten!' Marscha ontplofte bijna.

Tim fotografeerde de strik en bromde: 'Dit is nog gemener dan afschieten.'

Kayongo wist niet alleen veel van sterren, hij was ook een pratende strikkenencyclopedie. 'Stropers gebruiken echt alles,' vertelde hij. 'Nylondraad, telefoonkabels en zelfs stalen windaskabels. Ze jagen op alles wat beweegt. Het maakt niet uit of het een neushoorn of een chimpansee is. Ze zetten vallen uit op wildpaadjes die naar het water voeren, of ze hangen strikken hoog in de bomen om giraffen te wurgen...'

Marscha's hand gleed naar haar hals. 'Ja, nu weten we het wel.'

Ai, foute opmerking. Kayongo zweeg gepikeerd.

'Ik dacht dat ze vooral olifanten doodmaakten,' zei ik snel. 'Voor hun slagtanden.'

Tim keek door zijn cameralens. 'Ik heb ook wel eens een asbak van de poot van een gorilla gezien.'

Jakkes! Ik moest al kokhalzen bij het idee.

'En in Jemen gebruiken ze het haar van rinohoorns om de handvatten voor hun dolken te maken.' Tim zoomde in op Marscha. 'Dat kwam laatst op Animal Planet.'

Crocodile Dundee duwde zijn hoed dieper over zijn hoofd en Teacher staarde naar de grond.

Kayongo knikte. 'Maar de meeste dieren eindigen als bushmeat.'

'Je bedoelt...' Marscha werd wit rond haar neus. 'Wie wil er nou zo'n lieve chimp opeten?'

'Het vlees wordt op grote schaal het land uitgesmokkeld,' zei Kayongo. 'Soms helemaal tot in Europa. Naar Parijs of Brussel of Londen bijvoorbeeld. Overal vind je wel restaurantjes met Afrikaans wild op de menukaart.'

Allerlei horrorplaatjes schoven door mijn hoofd. Een chimpansee, die in een plas bloed dobberde. Een giraf met afgehakte poten. Een antilope met lege, dode ogen.

Ik nam me acuut voor om vegetariër te worden.

**Problemen met je lijf,
je lover of je ouders?
Vraag Manja om raad!**
(Ook anonieme brieven
worden beantwoord)

Lieve Manja,
Ik wil vegetariër worden. Maar hoe kan ik ervoor zorgen dat ik toch ge-
noeg vitamines binnenkrijg?
Vega-fee

Lieve Vega-fee,
Als je geen vlees eet, zul je voor vervangende maaltijdproducten moe-
ten zorgen. Het is niet gezond om hetzelfde te blijven eten en het vlees
gewoon weg te laten. Dan krijg je namelijk niet genoeg eiwitten, ijzer
en vitamine в12 binnen. Kaas, eieren en veel melk horen in ieder geval
op het menu. Naast zuivelproducten zijn ook granen, noten en peul-
vruchten (bonen, erwten en linzen) een goede aanvulling. Etenswaren
met vitamine c erin bevorderen de opname van ijzer. Heb je toch nog
twijfels? Haal dan een vitamine-mineralenpreparaat bij de drogist. Veel
succes!
Manja

Neusje

Toen we terugkwamen bij het Safarihotel stond de rest van de feest-commissie ons op te wachten.

'Hebben jullie ons zo erg gemist?' vroeg Stanley grinnikend.

'Nee, júllie hebben wat gemist,' zei Marie-Fleur.

'Nou en of!' riep Karin, die helemaal onder de oranje verf zat. 'De neushoorn was weer op het terrein!'

'Heb ík weer.' Tim keek teleurgesteld naar zijn fototoestel.

'Misschien komt hij nog terug.' Ik begon meteen te duimen.

'Zo hard loopt hij anders niet meer.' Karin deed een manke-neus-hoornact. 'We denken dat hij gewond is.'

Said knikte. 'Er zat rood aan zijn poot.'

Marscha en ik keken elkaar geschrokken aan. Hij was natuurlijk in zo'n gemene strik gestapt!

'En nu?' vroeg Stanley, terwijl hij de savanne afspeurde.

'Ze gaan hem naar het ziekenhuis brengen,' antwoordde Marie-Fleur.

'Tssss,' deed Marscha. 'Met de ambulance, zeker?'

'Nee, met een vrachtwagen.'

'En een helikopter.' Karins ogen schitterden. 'En weet je wat het mooiste is? De parkwacht heeft gevraagd of wij willen helpen!'

Ik geloofde het pas toen we in de eetzaal aankwamen. Aan de grote tafel zaten vier rangers in uniform en een man met gigantische wenkbrauwen. Naast hem stond een koffer met een rood kruis erop.

'Jonsey,' stelde hij zich voor. 'Ik ben dierenarts en hoofd van het parkteam.'

We kregen een briefing van tien minuten, waarin uitgelegd werd wat de bedoeling was.

'Het is alleen nog even wachten op de vrachtwagen en de heli-kopter,' zei een ranger met een snor.

'*Yo men, we do what we can.*' Said zette zijn petje af en weer op.
'Denk erom, het is niet zonder gevaar,' waarschuwde Jonsey.
'Leuk toch?' zei Karin genietend.
Ik veegde mijn vochtige handen af aan mijn short.

De helikopter landde op het terrein voor ons hotel. Het ding maakte een enorme herrie en wind. Onze broekspijpen klapperden om onze benen en Stanleys lange pony stond ineens recht omhoog.
'*Good luck!*' riep Jonsey.
Ik kon het niet verstaan, maar wel liplezen.
Zodra de dierenarts met zijn verdovingsgeweer was ingestapt, gingen de wentelwieken harder draaien.
'*Let's go!*' riepen de mannen van de parkwacht.

We reden in polonaise over de weg. De rangers in hun landrover voorop, daarachter kwamen wij in ons busje, en de vrachtwagen sloot de rij. We probeerden zo dicht mogelijk in de buurt van de helikopter te blijven.
Tim hing uit het raam en schoot aan de lopende band plaatjes. 'Anders gelooft straks niemand dat we een neushoorn hebben gered.'
'Moeten we hem wel eerst vinden,' zei Marie-Fleur, terwijl ze haar verwaaide haren weer in model probeerde te krijgen.
Ik duimde en wenste en duimde en wenste.
'Gnoe, buffels!' brulde Marscha alsof ze met een blinde groep toeristen op safari was.
'Verse neushoornshit.' Kayongo wees naar een paar hompen van drollen langs de weg.
De rangers hadden het ook gezien. Ze staken hun armen uit het raam en zwaaiden. De helikopter reageerde meteen. Hij zakte en draaide in cirkels boven de savanne.
'Ik zie hem,' zei Stanley.
Ja! Daar liep ons neusje!
Jonsey had hem ook gespot. Uit de helikopter kwam een geweer.

'Schiet hem, pak hem, raak hem!' Karin ging tekeer als een voetbalsupporter van de B-side.

Ondanks zijn gewonde poot kon de neushoorn nog behoorlijk hollen.

'Het is een witte,' zei Kayongo met een kennersblik.

'Hij is toch grijs?' vroeg Marie-Fleur.

'Wit komt van het Engelse woord *wide*,' legde Kayongo uit. 'De witte neushoorn heeft een brede, wijde bek, in tegenstelling tot de zwarte.'

'Dat je dat allemaal wéét,' zei Marscha op een slijmerig toontje.

QUIZZZ

Ben jij moedig als een leeuw? Of steek je als een struisvogel liever je kop in het zand? Doe de *Glow*-test en je weet meteen welk 'beest' er in jou verscholen zit!

1. **Je loopt op straat en ziet dat er een jongen in elkaar geslagen wordt. Ai, er is verder niemand in de buurt. Wat doe je?**

   a. Ik ren er natuurlijk meteen op af en mep de daders – tsjakka! – bewusteloos met mijn handtas.

   b. Ik verstop me in een boom en bel 112 met mijn mobieltje.

   c. Ik heb niets gezien en loop fluitend door (ja, sorry hoor, maar ik ga dus echt mijn leven niet wagen).

2. **Shit, je hebt je huiswerk niet geleerd en net vandaag krijg je een beurt. Als je niet snel iets verzint, geeft Jansen je een vette onvoldoende. Hoe red jij je hieruit?**

   a. Ik zeg tegen Jansen dat ik hem stiekem heb zien zoenen met de lerares Frans en eis minstens een 8 voor eeuwige zwijgplicht.

   b. Ik probeer me er met een grapje vanaf te maken. (Kent u die mop van Jantje en zijn huiswerk...)

   c. Ik voel ineens een hevige buikpijn opkomen en meld me ziek.

3. **Je bent hoteldebotel verliefd op een jongen. Wat zijn jouw favoriete versiertechnieken?**

   a. Ik ga gewoon naar hem toe (in mijn kortste minirok) en zeg dat ik hem wil zoenen.

b. Ik hou van jongens met humor, dus lach ik keihard om de moppen die hij vertelt.

c. Hoezo: versiertechnieken? Ik wacht gewoon tot hij verkering aan míj vraagt.

4. Je gaat met je beste vriendin naar de kermis. Waar wil jij als eerste in?

a. De achtbaan of de Free Style. Als het maar snel en spannend is.

b. De tent met lachspiegels, of een mega nepspookhuis. Lachuuuu!

c. Nergens in. Van een suikerspin word ik al bijna misselijk.

Heb je vooral a gekozen? Dan ben jij een echte *leeuwin*. Je bent niet snel bang en stapt overal op af. Als jij iets wilt, dan krijg je het meestal ook. Je blaakt van zelfvertrouwen en dat mag iedereen weten. Je bent populair en een natuurlijke leider. Waarschijnlijk kijken andere meiden tegen je op. Daar is niks mis mee, zolang je vriendinnen maar niet uit angst met je meepraten. Soms is het goed om eerst even na te denken voordat je gaat brullen!

Heb je vooral b gekozen? Dan schuilt er een *chimpansee* in jou. Je bent een vrolijke Frans en haalt graag apenstreken uit. Je positieve levenshouding werkt aanstekelijk. Je vriendinnen trekken graag met je op, want met jou is het nooit saai. Pas alleen wel op dat je niet overal een lachertje van maakt. Soms willen mensen ook serieus genomen worden!

Heb je vooral c gekozen? Dan is *struisvogel*politiek jouw ding. Je staat niet graag in de belangstelling en conflicten ga je het liefst uit de weg. Tussen je vriendinnen val je nauwelijks op. Dat is niet erg: niet iedereen hoeft een gangmaker te zijn. Maar weinig zelfvertrouwen hebben en je altijd onzeker voelen, is ook niet prettig. Probeer wat meer voor jezelf op te komen. En ook voor de mensen om je heen. Wedden dat ze dat alleen maar zullen waarderen?!

Gloweetje: Dat struisvogels hun kop in het zand steken om bepaalde dingen niet te hoeven zien, is eigenlijk een fabeltje. Wist je dat het juist behoorlijk agressieve dieren zijn? Als je op de savanne een alleenstaand mannetje tegenkomt, kun je maar beter maken dat je wegkomt (of op zijn minst kniebeschermers dragen). Zijn mascaraogen (ellenlange wimpers) geven hem bijna een menselijke blik. Maar zijn snavel doet – au! – heel wat anders dan kussen.

De reddingsactie

'Volgens mij is hij geraakt!' riep Tim.

In zijn bil, wist ik. Want dat had Jonsey ons verteld.

De neushoorn rende nog steeds door.

'Hij lijkt wel dronken,' zei Stanley.

Het dier wankelde inderdaad behoorlijk. De helikopter vloog achter hem aan en joeg hem in onze richting.

De camera van Tim plinkte en ploinkte en klikte. 'Dit wordt een megareportage.'

Het leek wel alsof de neushoorn het gehoord had. Hij bleef met zwabberende poten vlak langs de weg staan en maakte snuivende geluiden.

'Kijk, dat is nog eens een fotomodel!' riep Tim.

'Wel een dik fotomodel,' zei Marie-Fleur.

De helikopter begon te zakken en landde achter de vrachtwagen. Jonsey stapte uit.

'Is dat niet gevaarlijk?' vroeg ik, want de neushoorn stond nog steeds rechtop.

'Hij is hartstikke suf,' antwoordde Kayongo.

Het duurde even voordat het tot me doordrong dat hij niet de dierenarts maar de neushoorn bedoelde.

De helikopter vloog weg.

Karin deed het portier open. 'Als die Jonsey gewoon rondloopt, kan ik ook wel...'

Ja doei! dacht ik.

Maar iedereen stapte al uit. Ook de rangers.

Op kauwgomslierten van benen liep ik achter ze aan.

Jonsey rukte de verdovingspijl uit de bil van de neushoorn. Daarna blinddoekte hij het dier met een lap en gaf hem een zetje. Boem! De neushoorn viel op zijn zij. Ik kon de grond horen dreunen.

'Een-nul!' Karin juichte.

Jonsey nam een paar bloedmonsters. De parkwachten lieten een ijzeren kist van de vrachtwagen zakken en maakten hem aan twee kanten open. De vrachtwagenchauffeur kwam aanzetten met een lang, dik touw. Een van de rangers knoopte het om de hoorn vast. Even voelen. Ja, stevig.

'Zijn jullie er klaar voor?' vroeg Jonsey. Hij plukte aan zijn rechterwenkbrauw. 'Jullie weten het, hè? Als het touw breekt, is het ieder voor zich.'

Ik controleerde of het portier van het busje wel openstond. Onze enige vluchtweg.

We gingen in een rij achter elkaar staan en pakten het touw vast. Mijn handen trilden.

Kom op, Fay, zei ik streng in mezelf. Je wilt toch zo graag dieren redden?

We zetten onze voeten schrap. Ik staarde naar de leeuwengympen van Marscha voor me.

Het werd zo stil dat ik mijn eigen hart kon horen bonken. Mijn voorhoofd jeukte van het zweet, maar ik durfde het touw niet los te laten om te krabben.

'Dan ga ik nu het tegengif inspuiten,' zei Jonsey.

Hadden we maar een hijskraan, dacht ik. Dan hadden we neusje de kist in kunnen takelen.

Ik keek naar de dikke injectienaald. Jonsey stak hem achter het oor van de neushoorn.

We wachtten en wachtten. Stanley hijgde in mijn nek en ik kreeg kramp in mijn kuiten. De paar minuten duurden voor mijn gevoel wel een eeuw.

Toen kwam er beweging in de neushoorn. Hij krabbelde overeind en begon vervaarlijk te hijgen en te snuiven.

Hij was minstens zo groot als een tank!

Niet aanvallen, niet aanvallen, wenste ik.

'Trekken!' riep de ranger met de snor.

Ik kneep zo hard in het touw dat mijn handen in de fik leken te staan.

Ja, de neushoorn gaf mee. Op een sukkeldrafje kwam hij achter ons aan. Zijn rechterachterpoot sleepte een stuk draad mee. Hij was dus echt in een strik gestapt.

Stomme rotstropers! Voor hetzelfde geld was neusjes poot geamputeerd.

'Doorlopen, touw spannen,' commandeerde de voorste ranger.

We liepen achterwaarts de kist in en door de open achterkant weer naar buiten. De neushoorn volgde braaf.

'Het is net zo makkelijk als een hondje uitlaten!' riep Karin.

'Zolang hij verdoofd is wel, ja,' zei Marscha.

De neushoorn stond tussen de ijzeren wanden van de kist.

'Los!' riep Jonsey en hij klapte de deur achter de billen van de neushoorn dicht.

De ranger die het dichtst bij de kist stond, rukte het touw uit onze vingers. Hij mikte het naar de neushoorn en – bam! Ook aan onze kant was de kist gesloten.

Neusje zat gevangen.

We moesten allemaal even gek doen om de spanning kwijt te raken. We holden en juichten en sloegen elkaar op de schouder en vielen elkaar om de hals. Karin begon Said te kussen en ik zoende Stanley.

'En ik dan?' riep Marscha tegen Kayongo.

Hij gaf haar een kusje op haar wang.

'Ik ook.' Marie-Fleur hield hem haar wang voor.

Marscha draaide zich om. Aan haar gezicht te zien, had ze Marie-Fleur het liefst in een ijzeren kist gestopt. Bij een neushoorn die níét verdoofd was.

**Problemen met je lijf,
je lover of je ouders?
Vraag Manja om raad!**
(Ook anonieme brieven
worden beantwoord)

Lieve Manja,

Mijn beste vriendin M is hoteldebotel verliefd op een jongen, maar een ander meisje uit ons vriendenclubje probeert hem ook te versieren. Daarom doet M nogal pesterig tegen haar en dat snap ik ook wel, want eigenlijk vind ik het ook wel gemeen van dat andere meisje. Maar nu ben ik bang dat M wil dat ik dat andere meisje mee ga pesten. Ik haat pesten! Maar als ik niet meedoe, vindt M mij natuurlijk geen goede vriendin en dat wil ik ook niet! Wat moet ik doen?
Wanhoopje

Lief Wanhoopje,

Mensen die gepest worden, kunnen daar hun leven lang nog last van hebben. Ze worden onzeker en krijgen het gevoel dat ze minderwaardig zijn. Ze kunnen er zelfs langdurig depressief van worden. Pest dus nooit! Sommige meiden vinden het moeilijk om niet mee te gaan pesten. Ze denken: als ik niet meedoe met mijn vriendinnen, raak ik ze kwijt (maar wil je wel zulke vriendinnen?). Of ze zijn bang dat ze anders zelf gepest zullen worden. Soms willen ze ook graag bij het (zogenaamd) populaire groepje rondom de pester horen. Maar zolang een pester meelopers heeft, blijft het ook interessant om iemand te pesten. Als je meedoet of meelacht, zorg je er dus voor dat het pesten doorgaat! Het is even moeilijk, maar er is maar één manier om het getreiter te stoppen: spreek de pester aan op haar gedrag en zeg dat ze ermee op moet houden. En als dat niet helpt: schakel je schoolmentor of klassenleraar in.
Antipestgroetjes van Manja

Het flensjesmysterie

De kist werd met een sleepkabel op de leggers van de vrachtwagen getrokken.
'Bedankt allemaal.' Jonsey gaf iedereen een hand. 'We brengen de neushoorn meteen naar het veldhospitaal, zodat ik hem kan opereren. Straks stampt hij weer vrolijk rond.'
'Zonder pijl in zijn kont.' Said deed een waggeldansje.
Ik hoopte dat Crocodile Dundee en Teacher tegen die tijd alle strikken opgeruimd hadden!

De vrachtwagen en de rangers vertrokken. Wij reden met ons busje terug naar het Safarihotel. Op de voorruit glinsterden druppels.
'Dat wordt een fikse regenbui,' zei Kayongo met een blik op de donkere lucht.
Karin sloeg haar hand tegen haar voorhoofd. 'De bedden! Alles staat nog buiten.'
Waterbedden, dacht ik.
Marie-Fleur haalde haar schouders op. 'Het personeel zet ze heus wel binnen.'

De werknemers van het Safarihotel waren inderdaad al bezig om alles weer in de huisjes te zetten. Kayongo en Stanley hielpen met het laatste bed, terwijl wij naar het hoofdgebouw renden.
Oom Rien had de open haard in de eetzaal aangestoken. 'Kopje thee?'
Ik knikte. 'Lekker.'
'Met een koekje!' riep Marscha hem na.
'Mijn ouders geven elke zondag een *high tea*.' Marie-Fleur praatte alsof ze een te hete bitterbal had ingeslikt. 'Met sandwiches en gebakjes. Zooo gaaf.'

241

'Was dan lekker thuisgebleven,' mompelde Marscha.

Marie-Fleur keek haar vernietigend aan.

Oei, dat wordt ruzie! dacht ik.

Maar toen klonk er geschreeuw vanuit de keuken.

Safira zag eruit als een Afrikaanse krijger, alleen had ze een koekenpan vast in plaats van een speer. 'Ik had flensjes gebakken,' mopperde ze. 'En nu zijn ze weg.'

Stanley en Kayongo kwamen druipend de keuken in.

'Ook dat nog.' Safira zette de pan hardhandig op het fornuis en legde vlug een dweil op de vloer. 'Ga daar maar op staan.'

'Is er iets?' vroeg Stanley, terwijl hij zijn lekkende haren met een handdoek afdroogde.

'En of er iets is. Safira is over de pis,' rapte Said.

'Vanwege het mysterie van de verdwenen flensjes.' Karin speurde als een detective in het rond.

'Niet alleen de flensjes zijn verdwenen.' Safira zette haar handen in haar zij. 'Telkens als ik de keuken even uit ben, verdwijnt er wat. Gisteren een pan met bonen en vanmorgen een zak met rijst.'

Oom Rien telde de gedroogde worstjes, die aan een spijker aan de balk hingen. 'Volgens mij mis ik er hier ook een paar van.'

'Als het maar geen bavianen zijn,' zei Kayongo zorgelijk. 'In het vorige hotel waar ik werkte, roofden ze zelfs de koelkasten leeg.'

Marie-Fleur fronste haar geëpileerde wenkbrauwen. 'Ik dacht dat apen alleen bananen aten.'

Marscha snoof alsof ze ineens heel verkouden was.

Tim deed de keukendeur open en tuurde naar buiten. 'Ik zie voetsporen!'

Ze waren niet van een baviaan maar van een mens.

FEETFUN MET *GLOW*

Tijdens een mensenleven leg je gemiddeld zo'n 185.000 kilometer af. Dat is meer dan vier keer de aardbol rond! Hoog tijd om die trouwe voeten eens heerlijk te verwennen.

Badderen

* Neem een lekker warm voetbad met voetbadzout of olie of zeep.
* Scrub je voeten met speciale voetengel. Er zitten extra harde steentjes in, die helpen tegen eelt.
* Even wassen en spoelen.
* Goed afdrogen met een niet te dikke handdoek, ook tussen je tenen!
* Smeer je voeten in met voetenlotion en vergeet daarbij je nagelriemen niet.
* Wacht even tot je teennagels droog en hard zijn. Dan kun je ze vijlen (dat is veel beter dan knippen).
* Eventueel kun je nu je nagels lakken of versieren (staat leuk in open sandalen).

Massage

Wil je je voeten nog meer in de watten leggen? Voetmassage is het toppunt van verwennerij. Op je voeten zitten plekjes (reflexzones) die verbonden zijn met ieder deel van je lichaam. Wrijf je op een bepaald plekje, dan masseer je op afstand dus ook een ander orgaan. Je kunt het laten doen door een professionele masseur, maar daar hangt wel een prijskaartje aan. Hou je niet van vreemde vingers aan je lijf? In reformwinkels zijn speciale rollers te koop om je voetzolen te masseren. Handig voor doe-het-zelvers.

Spoorzoeken

We wisten zeker dat de afdrukken van de dief waren. In het Safarihotel liep niemand op blote voeten.

'We gaan hem vangen!' riep Karin. 'Net als die neushoorn.'

Ik zag het al voor me: een dief met een touw om zijn neus. Dan
moest hij toch minstens op Pinokkio lijken.

'Maar het giet,' mopperde Marie-Fleur.

Kayongo rammelde met de autosleutels. 'We nemen het busje,
dan halen we hem gemakkelijk in.'

Het was juist handig dat het regende. De dief had een duidelijk
spoor achtergelaten op de modderige weg.

Kayongo stuurde en Marscha gaf weer aanwijzingen: 'Rechtdoor,
rechtdoor.'

De voetstappen bogen naar links, een zijpaadje in...

'Onder die boom,' zei Stanley.

Een mager, zwart meisje zat op haar hurken, met haar rug tegen de
stam. Ze hield een stuk karton als een paraplu boven haar hoofd.

'Zou dat onze dief zijn?' vroeg Marscha verbaasd.

'Dievegge.' Ik kreeg een prop in mijn keel. 'Ze ziet er hartstikke
zielig uit.'

Zodra het busje stopte, kwam ze overeind. Kayongo draaide het
raampje omlaag.

'Mag ik een lift?' vroeg het meisje.

Haar ogen waren helemaal niet zielig. Eerder brutaal.

'Naar de gevangenis, ja,' antwoordde Marie-Fleur.

Het meisje vertrok geen spier.

'We weten dat je eten hebt gestolen,' zei Karin streng. 'Uit het
Safarihotel.'

'Nou en?' Het meisje schokte met haar smalle schouders. 'Ik had
honger.'

'Ach, gossie,' zei Marscha en dat was precies wat ik ook dacht.
Stanley maakte het portier open. 'Stap in, je wordt drijfnat.'
'Ben je wel lekker?' fluisterde Marie-Fleur. 'Straks rooft ze ons busje nog leeg.'
'Ja hoor.' Tim tikte tegen zijn voorhoofd.
Maar Marie-Fleur hield voor de zekerheid haar gouden halskettinkje toch maar stevig vast.
Het meisje klom naast Stanley op de bank.
'Yo, je rilt als een gek, hier heb je mijn jack.' Said trok zijn trainingsjack uit en sloeg het om haar heen.
'Hoe heet je?' vroeg ik.
'Janet.' Ze propte het karton tussen haar vuile knieën.
Kayongo keek haar hoofdschuddend aan. 'Wat zullen je ouders zeggen als ze horen dat je gestolen hebt?'
'Ik heb geen ouders meer.' Janet balde haar vuisten. 'Ze zijn dood.'
Het werd akelig stil in het busje.
'Aids?' vroeg Marscha toen zacht.
Janet knikte. 'En daarom moet ik voor mijn twee broertjes zorgen.'
Ze was hooguit elf! Aan de binnenkant van mijn ogen jeukte iets.
En niet alleen bij mij. Marie-Fleur vergat haar kettinkje en knipperde met haar wimpers.
'Ik weet hoe we Janet kunnen helpen!' riep ze toen ineens. 'We vragen of oom Rien haar een baantje geeft. In het Safarihotel.'
Heel soms kon ik Marie-Fleur wel zoenen. Nu dus.
Karin klapte in haar handen. 'Dan hoeft ze nooit meer te pikken!'
Zelfs Marscha keek Marie-Fleur bewonderend aan. 'Dat noem ik nou nog eens een wereldidee.'
'Ik heb heel vaak goede ideeën,' zei Marie-Fleur trots. 'Laatst...'
We begonnen allemaal te kreunen.

**Problemen met je lijf,
je lover of je ouders?
Vraag Manja om raad!**
(Ook anonieme brieven
worden beantwoord)

Lieve Manja,
Ik maak me zorgen over alle ellende in de wereld. Mensen krijgen aids
of ze gaan dood van de honger. En er is altijd wel ergens oorlog en geweld. Waarom verdelen we alles niet eerlijk en is iedereen niet gewoon
aardig tegen elkaar? Ik word er helemaal depressief van.
Zwartkijkertje

Lief Zwartkijkertje,
Niemand wordt er beter van als jij in de put zit. Probeer een beetje af-
stand te nemen van het wereldleed, want je kunt (helaas) toch niet in je
eentje alle problemen oplossen. Let ook eens op de positieve dingen om
je heen. De meeste mensen zijn heel aardig, hoor. En als je de wereld
echt wilt verbeteren, begin dan bij jezelf! Als jij je vriendelijk en hulp-
vaardig gedraagt, ben je een voorbeeld voor anderen. Ook kun je bij-
voorbeeld vrijwilligerswerk gaan doen. Alle kleine beetjes helpen!
Manja

Verhuizen

We brachten Janet naar huis. Of beter gezegd: naar haar hut.
We moesten bukken om door de deuropening te kunnen. Binnen was het donker en het rook vreselijk bedompt.
'Zelfs onze wc is luxer,' fluisterde Marie-Fleur.
Janets broertjes zaten dicht tegen elkaar aangekropen op een oud stuk vloerkleed. Ze keken ons angstig aan, tot Janet een worstje uit haar zak haalde. Toen keken ze alleen nog naar het worstje en staken bedelend hun handen omhoog.
We moesten allemaal even zuchten.
'Hij heet Henry en hij Moses,' vertelde Janet.
H&M, dacht ik. Al zagen ze er niet bepaald modebewust uit in hun voddige kleren vol gaten. Ze leken wel aangevallen door een reusachtige mot.
'Hebben jullie dan helemaal geen familie meer?' vroeg Marscha. 'Ook geen tante of een oom of zo?'
'Nee, niemand.' Janet brak het worstje doormidden en gaf de stukken aan Henry en Moses.
Waren die even uitgehongerd, zeg! Ze propten hun wangen meteen vol.
'Jullie hadden allang hulp moeten zoeken,' vond Kayongo. 'Er zijn speciale tehuizen voor aidswezen.'
Janet gaf een rukje met haar hoofd. 'Ik kan zelf wel voor mijn broertjes zorgen.'
'Dat zie ik,' mompelde Tim.
Ze ging beschermend voor Henry en Moses staan.
'Maak je niet druk.' Ik glimlachte zo geruststellend mogelijk. 'Je hebt nu een baantje in het Safarihotel.'
'Vergeet je niet iets?' vroeg Stanley. 'Oom Rien moet het nog wel even goedkeuren.'
Marscha maakte een wegwerpgebaar. 'Die vindt alles goed, zolang hij maar iemand kan helpen.'

'Je moet natuurlijk wel met je broertjes naar het hotel verhuizen,' zei ik.

Op het achtererf stonden gebouwtjes, waar alle werknemers sliepen.

'Dat zal niet meevallen.' Kayongo krabde in zijn kroeshaar. 'De personeelshuisjes zijn allemaal bezet. Nou ja, op eentje na dan. Maar dat wordt al gebruikt als rommelhok.'

Iedereen zweeg. Alleen de regen kletterde op het golfplaten dak.

'Wat nou?' Janets ogen schoten laserstralen. 'Ik kan toch makkelijk gaan lopen.'

Ik gluurde naar haar blote voeten. Ze waren oranje van de blubber.

'Doe niet zo raar,' zei Stanley. 'Het is veel te gevaarlijk om door het park te lopen.'

'Pfff,' deed Janet. 'Dat heb ik al zo vaak gedaan.'

'Doe maar lekker stoer, straks ben je leeuwenvoer,' rapte Said.

We rilden allemaal bij het idee.

Marscha tikte met haar nagel tegen haar tanden. Toen zei ze beslist: 'Rommel kan ook best buiten liggen.'

Janet en haar broertjes hadden geen verhuisdozen nodig. Hun spullen pasten in twee plastic zakken. Tien minuten later zaten we weer in het busje en tuften naar het Safarihotel.

Janet praatte honderduit. Dat je in de buurt van leeuwen nooit moest gaan rennen, omdat ze dan dachten dat je een lekkere prooi was. Dat je nooit tussen een nijlpaard en het water moest gaan staan, tenzij je platgewalst wilde worden. Dat een giraf bij zijn geboorte een harde landing maakte. Dat hun keutels als een kralenketting uit hun billen kwamen en pas op de grond uit elkaar vielen.

'Je kunt wel safarigids worden,' zei Stanley.

Ik durfde te zweren dat Janet vijf centimeter groeide.

Henry en Moses keken alleen maar stil voor zich uit.

Glows shopping news
HYSTERISCHE TAFERELEN BIJ H&M

Tientallen mensen stonden
's nachts al bij de winkels van
Hennes & Mauritz in de rij.
Ze wilden allemaal een kleding-
stuk van Viktor en Rolf in hun
kast. Zodra de deuren opengingen,
holden de *shopaholics* naar
binnen en graaiden de rekken
leeg. Opnieuw aanvullen lukte
niet. De verkoopsters kwamen
niet meer door de hysterische
massa heen. Dus gooiden ze
de kleren vanuit het magazijn
maar – huppekee! – de winkel
in. Kinderen werden onder
de voet gelopen en mensen
vielen flauw. Letterlijk
Shop till you drop! dus.
Maar of dat nou zo leuk is...

Leeuwengympen

We stonden in een kring om oom Rien heen.

'Plies, plies?' smeekte Marie-Fleur.

Marscha ging zelfs op haar knieën zitten!

'Oké, oké, ik geef me over.' Oom Rien stak zijn armen omhoog. 'Tegen zo veel slijmjurken kan ik niet op.'

Maar Safira was niet zo snel over te halen. 'Je neemt toch geen dief in dienst?' mopperde ze.

'Janet heeft eten gepakt omdat ze honger had,' zei ik. 'Dat is heel wat anders dan écht stelen.'

Marscha knikte zo hard dat haar hoofd er bijna afviel. 'En ze heeft geen ouders meer en ze moet ook nog voor haar broertjes zorgen en, en...'

Op dat moment kwam Kayongo met Janet binnen. Hij had haar eerst het personeelshuisje laten zien. Henry en Moses liepen achter hun zus aan en probeerden zich achter haar rug te verstoppen.

Safira liep met een boogje om Janet heen. 'En wie hebben we daar?' Zodra ze de broertjes zag, smolt ze als een ijsje.

'Vooruit dan.' Ze keek met opgetrokken wenkbrauwen naar Janet. 'Maar denk erom: je hoeft maar één frietje te pikken en je staat zo weer op straat.'

Marscha vloog juichend om mijn nek. 'We gaan meteen het rommelhok leegruimen.'

Dat was eerder gezegd dan gedaan.

'Wojo!' riep Said toen Kayongo de deur openmaakte.

Het toekomstige huisje van Janet en haar broertjes was tot aan het plafond toe volgepropt met lampen, stoelen, een stinkend zebravel, gevlochten manden, speren en nog veel meer.

'Een erfenisje van de vorige eigenaar,' vertelde oom Rien. 'Het meeste komt uit de inboedel van het hotel.'

'Er zitten best gave spullen tussen.' Tim hield een schilderij van een olifant omhoog.

Ik zag Janet naar een paar oude matrassen kijken alsof het kroonjuwelen waren.

Oom Rien zag het ook. 'Wil je wat spullen om je huisje in te richten?' vroeg hij lief.

Toen keek Janet naar oom Rien alsof hij een kroonjuweel was.

Hij werd er een beetje verlegen van. 'De rest gooien we toch weg.'

'Die is gek!' riep Marscha. 'Dat is hartstikke zonde.'

'Nou en of.' Said viste een handtrommel uit een lampenkap. 'Deze is tof.'

'Kunnen we de hele zooi niet mee naar huis nemen?' Karin kreeg dollartekens in haar ogen. 'Eén dagje naar de rommelmarkt en we zijn poepierijk.'

Stanley grinnikte. 'Moet je wel een privéjet afhuren.'

Marie-Fleur blies een laagje stof van een Afrikaans masker. 'Mijn tante heeft thuis ook zo'n ding aan de muur hangen. Ze heeft er een kapitaal voor betaald.'

Ik keek naar Moses en Henry. Ze stonden verlegen tegen elkaar aan geleund.

Die tante kon haar geld beter aan arme weeskinderen geven...

En toen kreeg ik ineens een geweldig idee. 'Als we nou eens een veiling houden op het openingsfeest?' Ik zag het al helemaal voor me: 'Koop een souvenir in het Safarihotel en steun het goede doel.'

'Toppie, Fay,' zei Marscha.

'Dat goede doel heet niet toevallig Karin?' vroeg Karin.

Ik gaf haar een zetje. 'Nee hebberd, de opbrengst gaat naar...'
– Said roffelde op de trommel – '...Afrikaanse aidswezen!'

Safira had een reuzenstapel flensjes gebakken. Toen er geen kruimel meer over was, verdween Marscha naar buiten. Even later kwam ze terug op haar bergschoenen, met haar leeuwengympen in de hand. 'Voor jou,' zei ze tegen Janet. 'Als je in het Safarihotel werkt, kun je niet op blote voeten blijven lopen.'

Janet trok ze heel voorzichtig aan. Alsof het de glazen muiltjes van Assepoester waren.

Oeps, ze waren minstens twee maten te groot.

'Ze passen perfect!' Janet liep onwennig door de eetzaal. Ze zag er ineens heel zacht en stralend uit.

'Ik heb nog een paar dikke kousen, dan kun je er zelfs mee housen,' rapte Said.

Henry en Moses schraapten met hun vingers over hun borden. Ze hadden nog steeds geen woord gezegd.

'We kopen voor jullie ook nog wel schoenen,' zei ik. 'En nieuwe shirtjes en broeken.'

'Shoppen.' Marie-Fleur zuchtte gelukzalig. 'We zouden een winkelcentrum in het park moeten laten bouwen.'

Sommige mensen waren echt gek!

**Problemen met je lijf,
je lover of je ouders?
Vraag Manja om raad!**
(Ook anonieme brieven
worden beantwoord)

Lieve Manja,
Ik ken een paar jongetjes die zo verlegen zijn dat ze niet durven te pra-
ten. Weet jij een manier om ze op hun gemak te stellen?
Molletje

*Lief Molletje,
Misschien kun je via muziek contact met de jongens krijgen. Daar zijn
geen woorden voor nodig. Of breng ze in aanraking met dieren. Die hebben vaak een positieve invloed op kinderen met problemen.
Manja*

Wassen & wensen

De regen was eindelijk opgehouden.

'Ik breng miss Piggy naar haar nieuwe hok,' zei ik.

'Miss Piggy?' vroeg Janet.

'Ons hotelvarken.' Marscha aaide over de krullenbollen van Henry en Moses. 'Gaan jullie ook mee?'

De broertjes keken aarzelend naar hun zus.

'Jaja, ik ga ook mee,' zei Janet.

Miss Piggy zat helemaal onder de smurrie.

'Heb je aan een partijtje modderworstelen meegedaan?' vroeg ik.

'Niet alleen módderworstelen.' Marscha kneep haar neus dicht. 'Joepie de poepie.'

Miss Piggy knorde tevreden.

Henry en Moses lieten Janet los en deden voorzichtig een stapje dichterbij.

Ik onderdrukte de neiging om heel hard 'hoera!' te roepen.

'We hebben water nodig,' zei ik. 'En een krulspeld voor haar staartje.'

In de ogen van de broertjes begon iets te twinkelen.

'Ik haal wel!' riep Janet.

Henry en Moses bleven onwennig staan kijken.

'Willen jullie me helpen om dit varkentje te wassen?' vroeg ik.

Ze knikten in stereo.

'Dan benoem ik jullie vanaf nu tot oppervarkensjongens.' Marscha sloeg hen één voor één plechtig op hun schouder, alsof ze hen tot ridder sloeg.

Miss Piggy hield meer van modder dan van water. Ze holde door de doucheruimte, met Henry en Moses achter zich aan.

'Stuur haar maar naar mij toe!' riep Marscha, die met gespreide benen klaarstond.

'Zo krijgen jullie haar dus nooit.' Janet zette de emmer neer. 'Net als met voetbal,' zei ze tegen haar broertjes. 'Jij linksbuiten en jij rechtsbuiten.'

Henry rende nu links van miss Piggy en Moses rechts van miss Piggy. Ze sloten haar steeds verder in. Miss Piggy kon alleen nog maar rechtdoor.

En daar stond het poortje. Marscha dus.

Ze klemde haar benen bliksemsnel tegen elkaar en dook boven op miss Piggy.

'Goal!' schreeuwde Janet.

Marscha en ik hielden wriemelpiggy vast, zodat de jongens haar konden afsoppen en drogen.

'Varkentje is lief, hè?' hoorde ik Henry fluisteren.

'Ja,' zei Moses zachtjes.

Marscha en ik keken elkaar aan. Waarschijnlijk juichten mijn ogen net zo hard als die van haar.

Miss Piggy liep schoon en roze in haar nieuwe hok.

De broertjes waren niet bij haar weg te slaan. 'Kom dan, varkje.' Hun stemmetjes en giecheltjes waaierden vrolijk om ons heen.

Marscha leunde tegen het hek en zuchtte tevreden. 'Nu nog een échte zoen van Kayongo en alles is volmaakt.'

'Ben je verliefd op Kayongo?' vroeg Janet.

Volgens mij was zíj verliefd op haar leeuwengympen. Ze streelde ze alsof het poesjes waren.

'En niet zo'n beetje ook,' zei ik.

'Ik ga meteen een wens doen.' Marscha tastte naar het zakje om haar hals. 'Hè, ik weet toch zeker dat ik hem erin terug heb gedaan.'

Janet keek me vragend aan.

'Haar gelukssteen,' zei ik.

'Hoe kan dat nou?' Marscha werd bloednerveus. Ze hield het zakje ondersteboven en schudde ermee. Niks. Ze stak haar vingers erin en... ZE KWAMEN ER AAN DE ONDERKANT WEER UIT!

'Een gat,' meldde Janet alsof we dat nog niet doorhadden.

Marscha begon bijna te hyperventileren.

'Misschien ligt hij in de doucheruimte,' bedacht ik.

We gingen meteen kijken. Janet en ik speurden onder de waterzakken.

Marscha viel op haar knieën in de modder. 'Ik móét hem vinden!'

We vonden een stukje zeep en een lege shampoofles. Maar de steen bleef zoek.

We zochten in het busje en op het pad en zelfs in het hok van miss Piggy.

Nada, noppes.

'Nu krijg ik nóóit meer verkering met Kayongo,' zei Marscha wanhopig.

'Natuurlijk wel.' Ik aaide haar rug. 'Je hebt al honderd jongens versierd zonder geluckssteen.'

LUCKY YOU!

Een beetje geluk kan nooit kwaad, vindt *Glow*. **En al geloof je er niet in: deze hebbedingetjes zijn megaleuk om aan iemand cadeau te doen!**

Klavertjevier-oorbellen van blauw opaal voor gelukkige oren.
StayTrendy € 5,95

Chinese gelukspoppetjes aan een touwtje.
Voor gelukszoekers met te weinig zakgeld.
Cbn-hobby € 0,10

Een geluksdolfijn om een roze steen aan een roze koord.
Hang hem aan je mobiel of aan je tas en voortaan ben
jij een mazzelkont.
Happymobiel € 2,25

Een ketting met drie hoefijzers en heel veel stras,
voor drie keer geluk en nooit meer stress.
  PicaPicashop € 12,95

Op safari

Voorlopig had Marscha het veel te druk om Kayongo te versieren. We klusten ons helemaal suf. We schilderden alle huisjes oranje. We maakten de wc's schoon (jakkes!) en verfden de deurtjes. We hingen haakjes en zeepbakjes in de doucheruimtes. Oom Rien verving de gebarsten toiletpot in het hoofdgebouw en gaf Kayongo een snelcursus boekhouden. Safira werkte de kokkin in en Marie-Fleur leerde het personeel hoe je de tafel voor het diner met zaden of vruchten kon versieren. Janet veegde en boende en haar broertjes oefenden kunstjes met miss Piggy (ze kon al zitten als een hondje en op commando knorren). We deden boodschappen (Moses en Henry waren apetrots op hun nieuwe schoenen en kleren) en maakten flyers, die we naar reisbureautjes en hotels in Kampala stuurden. Oom Rien liet advertenties in kranten zetten en Said studeerde zijn rap voor het openingsfeest in. De eerste reserveringen kwamen binnen en toen, eindelijk, hadden we een vrije dag verdiend.

Karin en Said wilden luieren en naar muziek luisteren. Marie-Fleur verdween naar haar huisje om een gezichtsmaskertje te nemen en Tim ging met zijn schetsboek op het terras zitten.

'En wat gaan wij doen?' vroeg Stanley.

Ik hoefde geen seconde na te denken. 'Op safari, natuurlijk!'

Marscha ging meteen aan Kayongo vragen of hij wilde rijden.

Het busje reed langzaam over de weg.

Marscha tuurde door haar verrekijker. 'Ik zie, ik zie...' Ze leek wel een waarzegster met een glazen bol. 'Olifanten!'

Met een sjokgangetje kwamen ze dichterbij. Kayongo stopte en wij keken ademloos toe.

'Ze gaan oversteken,' fluisterde Stanley.

Ja, daar gingen ze. Op nog geen twee meter afstand van het busje.

'Er zijn jonkies bij.' Marscha hijgde van opwinding.

'Zooo lief.' Ik probeerde het beeld voor altijd in mijn geheugen te prenten. De dartele kleintjes met hun flapperende oren. De wiegende vrouwtjes en...

Een olifant bleef staan en trompetterde.

'Kalm blijven,' zei Kayongo. 'Dan gebeurt er niks.'

Ik voelde me nog kleiner dan een miertje. Laat haar niet op het busje gaan zitten, wenste ik. Alsjeblieft, alsjeblieft.

Fjoew, ze liep verder, met de rest van de familie achter haar aan.

Huh? 'Heeft die olifant nou vijf poten?' vroeg ik.

Kayongo grinnikte. 'Die vijfde poot is zijn penis.'

'Niet normaal meer!' gilde Marscha.

We gierden het uit.

'Oké, guys?' vroeg Kayongo. 'Dan gaan we nu naar de *seekoei*.'

Dat was dus Zuid-Afrikaans voor nijlpaarden. We reden naar een glinsterende rivier en tuurden door de openstaande ramen. Van sommige hippo's waren alleen de schattige oortjes te zien, de rest zat onder water.

'Heeft die even slaap,' zei Stanley toen er eentje zijn bek wagenwijd opende.

Er paste gemakkelijk een koelkast in!

Vlak langs de oever dreef een krokodil van een metertje of vier. Ik dácht tenminste dat het een krokodil was, maar het leek eerder een boomstam met ogen.

Over de bladeren van een waterlelie wandelde een vogel met enorme poten.

'Een jacana,' vertelde Kayongo.

Marscha keek niet naar de jacana maar naar Kayongo.

'Shit,' mopperde Stanley. 'Het kaartje van mijn fototoestel is vol.'

We gingen stapvoets verder over de ontelbare kronkelpaadjes.

'Moet je daar kijken,' zei Stanley. 'Dan woon je dus echt in een hutje op de hei.'

Het duurde even voordat ik de hut zag. Hij lag een heel eind van het pad af en viel nauwelijks op tussen de struiken.

Marscha grinnikte. 'Lekker handig als je boodschappen moet doen.'
Toen we een stukje verder reden, kwam er ook nog een jeep in
beeld. Hij stond aan de zijkant van de hut en er zaten twee mensen naast.
Stanley hield zijn hand als een afdakje boven zijn ogen. 'Maar dat
zijn toch...'
Marscha tuurde door haar verrekijker. 'Crocodile Dundee en Teacher! Wat doen die nou hier?'
'Ze zullen wel in de hut overnacht hebben,' antwoordde Kayongo. 'Antistrikkenteams slapen wel vaker in de wildernis. Dan
hoeven ze niet steeds dat hele eind terug naar het hoofdkwartier.'
'Zullen we even op de koffie gaan?' vroeg Marscha.

Kayongo stuurde het busje dwars door het gras naar de hut.
Marscha ging uit het raampje hangen. 'Oew-oi!'
Teacher viel bijna van het krat waarop hij zat. Crocodile Dundee
sprong overeind en schopte een thermosfles om.
'Daar gáát onze koffie,' zei Stanley.
Kayongo parkeerde het busje naast de jeep. Er waren alleen wat
gnoes in de buurt, dus we konden veilig uitstappen.
'Hoe komen jullie hier verzeild?' vroeg Crocodile Dundee.
Zijn filmsterrenglimlach bleef achterwege. Blijkbaar hield hij
niet van onverwacht bezoek.
'Gewoon,' zei Marscha. 'We waren op safari en toen zagen we je
auto staan.'
Teachers ogen flitsten heen en weer, van Crocodile Dundee naar
de hut. De ingang werd afgeschermd door een stuk plastic.
'Hebben jullie daar geslapen?' vroeg Marscha nieuwsgierig. Ze
liep naar het plastic en pakte het vast.
'Laat dat!' snauwde Crocodile Dundee.
Ik schrok me rot van zijn uitval.
Marscha ook. Er ging een schok door haar lijf en haar arm schok-
te mee en het plastic ging opzij zodat ik naar binnen kon kijken.
Had ik dat maar niet gedaan! In de hut lagen geen slaapzakken of
luchtbedden, maar...

Vanuit mijn maag kwam een zure pap omhoog. De hut zakte scheef en de lucht begon te kantelen en alles werd dun en ver weg en...
Toen viel ik flauw.

EHBO VAN *GLOW*

Je zult het maar meemaken: ontmoet je eindelijk je droomprins Orlando en dan val je in katzwijm. Of je bent op een popconcert en gaat van je stokje omdat het zo warm en benauwd is. Of je zwikt je enkel en raakt van de pijn bijna buiten westen.

Wat is het?

Flauwvallen is vaak een reactie op een heftige gebeurtenis, emotie of pijn, waardoor de bloed- en zuurstoftoevoer naar de hersens minder wordt en de hartslag vertraagt. De een is gevoeliger dan de ander en valt al flauw bij het zien van een druppeltje bloed. Als je heel streng lijnt kun je ook onderuit gaan door een te laag suikergehalte in je bloed.

Signalen

Soms kun je het aan voelen komen: je gaat zweten en wordt misselijk, je oren kunnen gaan suizen en je ziet minder scherp. Soms vóél je het bloed ook echt uit je gezicht trekken. Ga zo snel mogelijk zitten, met je hoofd tussen je knieën, zodat het bloed beter naar je hersens kan stromen. Is er iemand bij je, laat hem of haar dan je hoofd omlaag drukken. Als jij dan omhoog probeert te komen, stroomt het bloed namelijk nog sneller terug.

Behandeling

Als iemand toch is flauwgevallen: leg hem of haar plat neer (leg het hoofd niet op een kussen of jas!) en maak eventueel strakke kleding wat losser. Geef ruimte voor frisse lucht. Laat iemand rustig bijkomen en niet te snel weer opstaan.

Gloweetje:

Heel vroeger waren strakke korsetten in de mode. Sommige vrouwen snoerden zich zo strak in dat ze bijna geen adem meer konden halen en flauwvielen. Hoezo: ongezond?

Opgesloten

Klapjes tegen mijn wangen.

'Fay, hoor je me?' De stem van Stanley.

Met moeite deed ik mijn ogen open en keek in zijn gezicht.

Het was spierwit. Zijn ponyhaar was vochtig en zat tegen zijn voorhoofd aan geplakt. Zijn wimpers knipperden nerveus.

'Wat is er gebeurd?' Ik ging suffig overeind zitten en...

Het leek alsof mijn hersens uit elkaar knalden. Achter Stanley zag ik Crocodile Dundee staan. Met een geweer!

'W-wie, w-wat,' stamelde ik.

'Bek houden.' Crocodile Dundee wees met de loop naar de ingang van de hut. 'Naar binnen!'

Het plaatje stond meteen weer op mijn netvlies gegrift. Ik wilde niet naar binnen! Ik wist wat er achter het plastic lag. En waar waren Marscha en Kayongo gebleven? En...

'Opschieten,' blafte Crocodile Dundee.

Stanley hielp me omhoog. Zijn vingers kleefden aan mijn arm. Ik wankelde met hem mee en drukte mijn nagels in mijn handpalmen. Niet flauwvallen, niet flauwvallen!

Het plastic ging ritselend opzij en...

Ik had het niet gedroomd. Het lag er nog steeds, op precies dezelfde plek op de vloer: DE AFGEHAKTE POOT VAN EEN CHIMPANSEE.

Ik draaide mijn hoofd opzij en gaf over.

Er kwamen spettertjes braaksel op de laarzen van Crocodile Dundee.

Stanley wreef met zijn mouw over mijn betraande wangen. Ik slikte en slikte, maar kreeg de zure smaak niet meer weg. Crocodile Dundee vloekte en tierde zonder ophouden. Hij had de bandana van zijn arm getrokken en probeerde met één hand zijn laarzen te poetsen. In zijn andere hand wiebelde losjes het geweer.

Stanley keek ernaar. Ik zag hem denken: één graai en...

Langzaam ging zijn hand omhoog. Ik had het gevoel dat er duizenden termieten over mijn rug liepen.

'Laat dat maar uit je botte hersens, mannetje.' Crocodile Dundee liet de bandana bliksemsnel vallen en pakte het geweer weer met twee handen vast. 'Nog één zo'n geintje en jullie eindigen net als die chimpansee.'

Stanleys arm viel slap langs zijn lijf.

Crocodile Dundee schoof de poot van de chimpansee met zijn laars opzij. 'Naar binnen.'

Het was schemerig in de hut. Vliegen gonsden om ons heen en kwamen op ons zitten. Er hing een adembenemende stank. De lucht van dode beesten. Ik probeerde door mijn mond adem te halen en durfde alleen door mijn oogharen te gluren. Zakken en manden met vlees. Een provisorisch hakblok met bloedvlekken. Er lag een bijl op, en een paar messen.

Teacher stond achterin bij een paar grote kooien. Daar sloten ze natuurlijk de gevangen dieren in op, tot ze...

'Marscha!' hoorde ik mezelf schreeuwen.

Ze zat als een aapje in de linkerkooi. Dicht tegen Kayongo aan.

'Fay.' Haar ogen lichtten even op. 'Gaat het weer een bee...'

'Kop dicht.' Crocodile Dundee knikte naar de rechterkooi.

Teacher opende de traliedeur.

Nee! brulde het in mijn hele lijf. Alles in mij wilde schreeuwen, vechten, bijten.

Maar mijn buitenkant leek wel verlamd.

Als makke schapen stapten Stanley en ik in de kooi. De deur ging dicht en de sleutel knarste in het slot. Het klonk net zo akelig als een piepend krijtje op een schoolbord.

**Problemen met je lijf,
je lover of je ouders?
Vraag Manja om raad!**
(Ook anonieme brieven
worden beantwoord)

Lieve Manja,
Ik ben bedreigd en sindsdien durf ik haast de straat niet meer op. Ik ben
zo bang dat het nog een keer gebeurt. Hoe kom ik van mijn angst af?
Angsthaasje

Lief Angsthaasje,
Het is belangrijk dat je de gebeurtenis goed verwerkt. Praat erover, schrijf
het van je af en zoek zonodig professionele hulp. Wat ook kan helpen:
ga op een cursus zelfverdediging! Dat maakt je weerbaarder en geeft
zelfvertrouwen.
Manja

Waarheid of durven

Crocodile Dundee en Teacher verhuisden alle zakken en manden naar de jeep.

'Wat zouden ze met ons gaan doen?' vroeg Marscha zacht.

Ik dacht aan de messen op het hakblok en rilde.

Kayongo trapte tegen de tralies. 'Waarschijnlijk laten ze ons hier achter.'

Ook die gedachte bezorgde me kippenvel. 'Maar dan sterven we van honger en dorst.'

'Tuurlijk niet.' Stanley probeerde opgewekt te klinken. 'Als oom Rien merkt dat we niet terugkomen, zet hij meteen een gigantische zoekactie op touw.'

Marscha keek naar de sleutels aan het haakje in de muur. 'Dan hoop ik maar dat ze die laten hangen.'

Kayongo knikte. 'Of dat nonkel Rien een betonschaar meebrengt.'

Teacher draaide zijn hoofd even onze kant op. Zijn konijnentanden glommen wit.

'Konden we maar met hém alleen praten,' fluisterde Stanley. 'Volgens mij is hij net zo bang voor die stomme krokodillenjager als wij.'

'Antistrikkenteam.' Marscha knarsetandde. 'Die Dundee-eikel kan nog beter acteren dan Paul Hogan.'

Ik kon wel janken. We waren zelf in de grootste strik gestapt.

De hut was bijna leeg. Crocodile Dundee droeg als laatste het hakblok naar buiten. Teacher bleef alleen achter en rolde de messen en de hakbijl in een lap.

Stanley gaf me een kneepje in mijn knie.

Dit is onze kans, betekende dat.

'Hé, Teacher,' begon Stanley met een stem van suiker.

Teacher liet het stofbuideltje van schrik bijna uit zijn handen schieten. Hij klemde het vlug onder zijn arm en trok een zakdoek uit het zijvak van zijn broek.

Huh? Had ik die zakdoek niet eerder gezien?

Teacher veegde het zweet uit zijn hals.

Misschien op de markt, dacht ik. Er zijn zo veel rode zakdoeken.

'Gebruik je verstand, man.' Stanley keek Teacher doordringend aan, als een hypnotiseur die iemand in trance wil brengen. 'Ik snap best dat je moet stropen om je familie te onderhouden, maar onschuldige mensen opsluiten, dat is toch niks voor jou?'

Teacher schuifelde ongemakkelijk met zijn voeten.

'In je hart ben je een goeie jongen,' ging Stanley verder. 'Als je ons nou de sleutels geeft, dan doen wij een goed woordje voor je bij de politie.'

Teachers ogen draaiden naar de ingang van de hut en toen weer naar ons en toen NAAR DE SLEUTEL.

'Toe nou?' smeekte Marscha. 'We zullen tegen ze zeggen dat jij er niets aan kon doen.'

Teachers hand ging in slowmotion omhoog. We hielden onze adem in. Ja, bijna, bijna...

Het plastic bij de deuropening schoof opzij.

Crocodile Dundee! Ik kon hem wel vermoorden; Teacher trok zijn hand terug alsof hij zich aan te hete melk had gebrand.

'Wat sta jij nou te lummelen?' mopperde Crocodile Dundee. 'We gaan.'

Teacher frummelde zenuwachtig met zijn zakdoek.

En toen, ineens, wist ik het.

'Dat tentje in het oerwoud was niet van houthakkers!' schreeuwde ik. 'Jullie waren het. Die geweerschoten kwamen uit jullie wapens. Geen wonder dat die chimpansees zo hard krijsten, jullie schoten ze af. En die zakdoek die bij het houtvuurtje lag...'

Teacher stopte het bewijsstuk vlug weg, alsof hij het daarmee ongedaan kon maken.

Crocodile Dundee was even verbijsterd. 'Dus jullie hebben ons kamp vernield.'

Net goed, dacht ik.

Maar toen slenterde hij naar zijn geweer, dat tegen de muur stond. Ik kon mijn tong wel afbijten. Nu zou hij ons alsnog...

Er klonk geen schot. Alleen maar een bulderende lach.

'Poets wederpoets, wat een mop.' Crocodile Dundee hing het geweer om zijn schouder. 'Heb ik de vandalen gevangen, zonder dat ik het wist.' Hij gaf Teacher het andere geweer en toen liepen ze naar buiten.

Even later hoorden we de jeep wegrijden.

Voor mijn gevoel zaten we al uren in die rotkooi. Ik was niet meer zo bang, maar mijn benen sliepen en ik had honger en dorst.

'Zou oom Rien ons al missen?' vroeg ik hoopvol.

Marscha keek op haar horloge. Het bandje was van nepkrokodillenleer en de wijzers waren slangen. 'Dat kan nog wel uren duren.'

Uren! En als ik nou moest plassen?

'Zullen we anders een spelletje doen?' vroeg ik. 'Dan gaat de tijd wat sneller om.'

En hoefde ik tenminste niet de hele tijd aan wc's te denken.

Stanley knikte. 'Mij best.'

'Een bekend persoon in je gedachten nemen?' stelde Marscha voor. Ze legde haar hand op Kayongo's been. 'Ken je dat? Dan moeten de anderen raden wie...'

Ai, Kayongo keek naar haar hand alsof hij hem het liefst weer weg zou duwen.

En toen kreeg ik een inval. 'Ik weet een leuker spel: waarheid of durven!'

'Ook goed,' zei Marscha. 'Begin jij maar.'

'Waarheid,' koos ik.

Marscha zoog peinzend haar lip naar binnen. 'Wat is je grootste angst?'

'Dat ik dadelijk naar de wc moet,' antwoordde ik meteen.

Stanley bood aan om ervoor te gaan staan, zodat ik in het hoekje...

'Ik hoef nog niet.' Alleen het idee al! Vlug veranderde ik van onderwerp. 'Marscha, jij bent.'

Ze dacht even na. 'Waarheid.'

'Op welk moment heb je je het allerergst geschaamd?' vroeg ik.

Ze bloosde.

'Eerlijk zeggen,' zei ik streng.

Ze fluisterde bijna. 'Toen Kayongo me in mijn onderbroek zag staan.'

Kayongo's gezicht werd één groot vraagteken.

'Die ochtend toen ze ineens ons huisje in rende,' legde ik uit. 'Dat was omdat ze niet wilde dat je haar onderbroek zag.'

Marscha's hoofd werd nu zo rood dat ik bijna verwachtte dat het zou gaan loeien.

'Dus daarom...' Kayongo zag eruit alsof hij de loterij had gewonnen. 'Maar *hartlam*, waarom heb je dat dan niet meteen gezegd?'

Hartlam! Ik gokte dat het Zuid-Afrikaans voor lieveling was.

'Ik dacht dat je een spelletje met me speelde: aantrekken, afstoten, aantrekken...' Kayongo trok Marscha dicht tegen zich aan.

Zo, plan A was geslaagd. Nu plan B nog.

Ik knikte naar Kayongo. 'Jij bent.'

'Durven.' Hij aaide Marscha's haar.

Plan B was een makkie. 'Marscha kussen!'

Ze had geen gelukssteen meer nodig. Kayongo gaf haar een zoen, die zooo lang duurde dat hij volgens mij in Marscha's *Book of records* kon.

Drie melige spelletjes verder hield ik het niet meer. Het leek alsof er een cactus in mijn blaas zat. 'Ehm, Stanley...' begon ik.

'Stil eens,' zei Marscha.

Er klonk geritsel bij de ingang van de hut.

Alle haartjes op mijn lijf gingen overeind staan. Wie oh wie?

Voor hetzelfde geld waren Crocodile Dundee en Teacher teruggekomen!

Het plastic ging opzij.

Of nog erger: een leeuw had ons geroken.

'Hier!' riep Stanley.

Ik durfde alleen door de spleetjes tussen mijn vingers te gluren.
Het waren twee leeuwen. Geen echte, maar plaatjes.
Marscha's leeuwengympen!

SCHAAM! – Heb jij dat nou ook?

Je begint te blozen en kunt wel door de grond gaan.
Eén troost: je bent niet de enige.
Vijf schaamverhalen van *Glow*-lezeressen:

* Halverwege de wiskundeles ontdekte ik ineens dat de knopen van mijn bloesje los waren gegaan. Iedereen kon mijn bh zien! Daarom hadden de jongens al een halfuur zitten gniffelen... (Maaike)
* Ik werd voor het eerst ongesteld tijdens de gymles. Iemand zei dat er een vlek in mijn (witte!) gymbroek zat. Tip: draag altijd zwarte gymbroeken. (Eline)
* Ik vertelde tegen mijn vriendin over die ene leuke jongen. Dat hij zo knap was en zo leuk en dat ik stapelverliefd op hem was. Bleek dat hij achter me stond en alles had gehoord! (Denise)
* Ik was met mijn ouders op een feestje. Ze hadden te veel gedronken en begonnen heel raar te dansen. Ik schaamde me dood dat ik hun dochter was. (Sofie)
* Ik at bij mijn vriendin en liet per ongeluk ineens een keiharde boer. Ik was het liefst onder de tafel gekropen. Gelukkig konden ze er wel om lachen. (Ilse)

The Butcher

'Waarom zitten jullie in een kooi?' vroeg Janet verbijsterd.

'Een stelletje gemene stropers heeft ons opgesloten.' Marscha keek langs haar heen naar de deuropening. 'Is oom Rien er niet bij?'

'Nee, hoezo?'

'G-ging hij dan niet mee zoeken?' stamelde Marscha.

'Naar de gelukssteen?' Janet rammelde aan het slot. 'Natuurlijk niet.'

'Welke gelukssteen?' vroeg Kayongo.

'Nou...' begon Marscha.

Die mafkezen zaten te kletsen alsof we gezellig in een snackbar zaten.

'Kan die deur eerst even open?' Ik wees naar de sleutels aan het haakje. 'En een beetje snel graag, want ik moet piesen.'

'Ik had overal al gezocht,' vertelde Janet. 'Behalve in onze oude hut. Ik dacht: misschien is Marscha haar gelukssteen daar verloren. Je weet wel, toen we mijn broertjes gingen ophalen. En omdat ik vandaag vrij was, kon ik mooi even gaan kijken.'

'Even?' zei Marscha hees. 'Dat hele eind door het park... Er had wel ik-weet-niet-wat kunnen gebeuren.'

De rampscenario's schoten door mijn hoofd: geplet door een olifant, opgegeten door een leeuw, gebeten door een slang.

'En toen zag ik onderweg jullie busje staan.' Janet krabde aan haar enkel. 'Daar hadden jullie mooi mazzel mee, anders was ik hier nooit naar binnen gegaan.'

'Gekkie.' Marscha's ogen werden vochtig. 'Je gaat voor een steen toch je leven niet wagen?'

Janet keek ongemakkelijk. 'Het was niks, hoor. Jullie hebben me een baantje bezorgd en een huis en die leeuwengympen. Dus...'

Ik moest ineens lachen. 'Die gelukssteen werkt zelfs op afstand!

Wij zijn gered en tussen Marscha en Kayongo is het ook weer oké.'
'Maar dat komt door jou,' fluisterde Marscha in mijn oor, terwijl ze dankbaar mijn arm streelde.
Kayongo haalde de sleutels van het busje uit zijn zak. 'En nu naar het Safarihotel. Hoe eerder we de parkwacht inlichten, hoe groter de kans dat ze Teacher en Crocodile Dundee nog te pakken kunnen krijgen.'

Kayongo ging meteen met de parkwacht bellen en wij vertelden het hele verhaal aan de thuisblijvers. Oom Rien kreeg bijna een hartverzakking.
'Ik wilde dat ik erbij was geweest,' zei Karin jaloers.
Safira ging koffiezetten en cake snijden. 'Om bij te komen van de schrik.'

Een uur later waren Jonsey en de hulptroepen gearriveerd en zaten we met zijn allen in de eetzaal. Voor de tweede keer deden we verslag.
Jonsey schreef alles op. 'Dus die ene heet Teacher, en de andere...'
'Dat weten we niet,' zei Stanley. 'Maar hij lijkt precies op Crocodile Dundee.'
'Wacht!' Tim pakte zijn camera van de bar en zapte door de foto's. 'Hier staan Teacher en Crocodile Dundee bij de strik.'
'Ik dacht dat je mij op de foto had gezet,' zei Marscha.
Tim grinnikte. 'Dat dachten zij waarschijnlijk ook.' Hij hield het schermpje voor Jonseys neus. 'En dit is het nummerbord van de jeep.'
'Wauw.' Jonsey liet zijn woeste wenkbrauwen wippen. 'Wil je later bij de geheime dienst gaan werken of zo?'
Tim schudde zijn hoofd. 'Ik word al graffitikunstenaar of striptekenaar.'
Jonsey knipte met zijn vingers naar een van de rangers. 'Informeer jij meteen alle controleposten.'
'Ja, hèhè.' Karin trok een gezicht alsof ze dagelijks criminelen ving. 'Ze nemen natuurlijk een sluiproute.'

'Tja.' Jonsey krabde met de pen in zijn haar. 'Hebben ze verder niets gezegd? Een plek waar ze naartoe zouden gaan? Een naam?'
Marscha fronste haar voorhoofd. 'We hebben Crocodile Dundee wel een keer eerder gezien, in een café.'
'Oh ja, bij Micks,' zei Kayongo. 'Zo heet die kroeg in...'
MICKS! Mijn hersens maakten kortsluiting.
'De hoeveelste is het vandaag?' riep ik opgewonden.
'De achttiende.' Tim keek me aan alsof ik niet helemaal lekker was. 'Hoezo?'
'Bij het Olympiahotel hoorde ik Crocodile Dundee met een dikke man praten. En toen ze afscheid namen, zeiden ze: "Tot de achttiende bij Micks."'
'Weet je zeker dat je je niet in de datum vergist?' vroeg Jonsey.
'Ja, ik ben op de achttiende jarig, daarom heb ik het onthouden.'
Een van de rangers ging meteen iemand bellen.
Jonsey haalde een foto uit zijn koffertje en legde hem op tafel, zodat iedereen hem kon zien. 'Was het toevallig deze man?'
Ik knikte.
'Wat een speknek,' zei Marie-Fleur. 'Die moet dringend op dieet.'
'*The Butcher.*' Jonsey kreeg een verbeten trek om zijn mond. 'We weten niet hoe hij echt heet, maar onder die naam is hij bij ons bekend. Hij staat aan het hoofd van een wijdvertakt bushmeat-smokkelnetwerk. We proberen hem al jaren te pakken te krijgen, maar hij is ons telkens te vlug af.'
Said ging staan. 'Gaan met die banaan!'
Karin knikte. 'Hoe eerder we bij Micks zijn...'
'Hohoho.' Jonsey leek ineens verdacht veel op de Kerstman. 'Dit is een zaak voor politie en parkwacht.'
Meteen stonden alle rangers op.
'Hallo,' mopperde Marscha. 'Die rotzakken hebben óns bedreigd. Het is hartstikke belangrijk dat we erbij zijn als jullie ze arresteren. Voor ons verwerkingsproces en zo.'
Haha, dat had ze zeker in *Glow* gelezen.
Jonsey schudde zijn hoofd. 'Sorry, maar het is echt veel te gevaarlijk.'

Tssss, deed Karin.

'We houden jullie op de hoogte,' zei Jonsey en toen was hij weg.

'Als we hem nou eens stiekem met het busje volgen?' stelde Karin voor.

Oom Rien sloeg met zijn vlakke hand op de tafel. 'Je waagt het niet! Of ik leg jullie allemaal aan de ketting.'

Safira knikte. 'En dan gooien we het sleuteltje weg.'

**Problemen met je lijf,
je lover of je ouders?
Vraag Manja om raad!**
(Ook anonieme brieven
worden beantwoord)

Lieve Manja,
Mijn vrienden en ik zijn al vijftien. Waarom doen volwassenen dan toch altijd net alsof we nog kleine kinderen zijn?
Big girl

Lieve Big girl,
Volwassenen zijn gewend om voor kinderen te zorgen en ze te bescher-
men. Maar dan worden kleine meisjes groot. En dat is wel even wen-
nen! Je kunt je hevig verzetten en gewoon blijven doen waar je zin in
hebt, maar dan zullen je ouders alleen maar harder schrikken en nóg
strenger worden. Gevolg: eindeloze ruzies. Het is slimmer om je vrij-
heden met kleine stapjes te veroveren. Probeer met ze te onderhande-
len en hou je aan de gemaakte afspraken. Als jij je verantwoordelijk ge-
draagt, zal hun vertrouwen groeien en zullen ze je meer ruimte durven
geven. Je hoeft natuurlijk niet alles te vertellen, maar de meeste vol-
wassenen vinden het fijn als je bepaalde zaken met ze deelt. Hoe meer
ze zich betrokken voelen, hoe beter ze kunnen loslaten. Valt er echt niet
met je ouders te praten? Schakel dan een tussenpersoon in. Misschien
kan je oma of tante een goed woordje voor je doen.
Manja

Het openingsfeest

Jonsey had naar het Safarihotel gebeld.

Er was goed nieuws: Crocodile Dundee en Teacher waren opgepakt. Er was een vrachtwagen gevonden vol bushmeat, dat verstopt lag achter een muur van limonadekratten. De chauffeur was gearresteerd en had alles bekend.

En slecht nieuws: the Butcher had weten te ontsnappen. Hij was het café uit gerend en spoorloos verdwenen. Alleen zijn auto was gevonden.

'Stelletje sufferds,' mopperde Karin. 'Als wij erbij waren geweest...'

We hadden niet veel tijd om te piekeren. Eindelijk was het zover: de feestelijke opening van het Safarihotel! Alle kamers waren volgeboekt en dus ook de huisjes waarin wij sliepen.

'De jongens verkassen naar Kayongo,' zei oom Rien. 'En de meiden naar Janet en haar broertjes.'

Met zijn allen in dat kleine huisje! Ik moest er niet aan denken. Dikke kans dat iemand mijn ongelijke borsten zou zien.

Wanhopig keek ik naar Marscha.

Gelukkig werkte haar antennetje meteen. 'Dat past nooit,' zei ze. 'Fay en ik kunnen beter in het busje pitten.'

Safira wilde in haar eentje op een luchtbed in de keuken overnachten. 'Anders hou ik iedereen wakker met mijn gesnurk.'

's Middags druppelden de eerste gasten binnen. Bij de receptie deelde een man in een kostuum en met een stropdas welkomstdrankjes uit. Ik dacht heel even dat het Marscha's vader was.

'Oom Rien!' riep Marscha verbaasd. 'Waar is je werkmansbroek?'

Normaal gesproken wóónde hij in dat ding.

'Er komen een verslaggever en een fotograaf van *The Monitor*,' zei

hij zenuwachtig. 'Ze willen een artikel plaatsen over de veiling voor aidswezen.'
Als dat geen megareclame was!
Karin kneep Said in zijn elleboog. 'Straks sta je in de krant: superoptreden van smashing Said.'
Hij kreeg acuut plankenkoorts. Met samengeknepen billen verdween hij naar de wc.

Sommige toeristen bleven voor hun huisje zitten om van het uitzicht te genieten. Anderen reden met hun auto het park in om wild te spotten. Kayongo nam een paar mensen mee in de landrover van het hotel. Ze wilden een *gamedrive* met chauffeur én gids. Janet dus!
'Ik pas intussen wel op Henry en Moses,' had Karin gezegd.
Voorlopig was ze meer bezig om op Said te passen. Hij zag eruit alsof hij ieder moment van zijn stokje kon gaan.
'Stel je niet aan, schatje.' Karin wapperde hem met een zakdoekje frisse lucht toe. 'Als Ali B het kan, kun jij het ook.'
Safira hield in de keuken een oogje op het personeel. 'Het loopt als een geoliede machine,' zei ze trots. 'We kunnen overmorgen met een gerust hart naar huis.'
Bij de woorden 'naar huis' betrok Marscha's gezicht. 'Ik mis Kayongo nu al.'
Ze had dringend afleiding nodig!
Ik pakte haar arm. 'Kom, we gaan naar miss Piggy.'

Marie-Fleur stond bij het hok te foeteren. 'Vooruit, wassen en omkleden. Zo kun je niet rondlopen op het openingsfeest.'
Ik geloofde mijn oren niet. Wilde ze miss Piggy soms een jurk aantrekken?
Toen zag ik de twee andere varkentjes pas. Henry en Moses hadden met miss Piggy gespeeld en zaten helemaal onder de modder.
Marie-Fleur maakte het hek open. 'En denk erom: het varkenshok is vandaag verder verboden terrein.'
Poepoe, deed Marscha. 'Denkt ze soms dat ze *supernanny* is?'

Kayongo en Janet kwamen terug van de gamedrive.

'Eindelijk!' Marscha spreidde haar armen en toen renden zij en Kayongo elkaar tegemoet.

Het leek net een scène uit een romantische film. Hoewel...

'Straks.' Kayongo liep haar straal voorbij en holde naar binnen.

Marscha liet haar armen langs haar lichaam vallen en keek hem verbijsterd na. 'Ik snap helemaal niks van Afrikaanse jongens.'

'We hebben the Butcher gezien,' zei Janet opgewonden. 'In het park.'

Marscha zat bij Kayongo op schoot en kroelde door zijn haar.

'...en toen stond er een dikke man langs de kant van de weg,' vertelde Kayongo. 'Hij zag er helemaal verwilderd uit en ik dacht dat hij misschien autopech had gekregen en verdwaald was.'

Janet knikte. 'Dus wij stopten om te vragen of hij een lift wilde.'

'Op dat moment kon ik zijn gezicht pas goed zien.' Kayongo streek langs zijn wang. 'Ik herkende hem meteen van de foto.'

Marscha keek naar Kayongo alsof hij minstens Superman was. 'En toen?'

Janet zuchtte teleurgesteld. 'Toen sprong hij in de bosjes en verdween.'

Karin kreeg iets moordlustigs in haar ogen. 'Ik hoop dat de leeuwen hem aan stukken scheuren.'

'Dan mogen ze wel opschieten,' zei Kayongo. 'Jonsey en zijn rangers gaan het park meteen helemaal uitkammen. Ik heb ze net gebeld.'

De grote tafel in de eetzaal was prachtig versierd en alle stoelen waren bezet. Wij hadden met het personeel al vooraf gegeten. Behalve Said, die kon van de zenuwen geen hap door zijn keel krijgen.

Oom Rien ging voor de muurschildering staan en schraapte zijn keel. De fotograaf van *The Monitor* hield zijn toestel klaar.

'Welkom allemaal,' zei oom Rien. 'Vandaag is de officiële opening van het Safarihotel. Bij een feestelijke gebeurtenis hoort natuurlijk ook muziek. Mag ik u voorstellen: Said, de koning van de hiphop!'

Zodra iedereen applaudisseerde, bevror Said. 'Ik ben mijn tekst kwijt en al mijn danspasjes vergeten.'

Karin ritste zijn glimmende trainingspak dicht. 'Ik blijf in de buurt staan. Als het nodig is, souffleer ik en doe ik alles voor.' Ze duwde hem voor zich uit, de zaal in.

Kayongo zette de cd-speler aan. Een ritmisch muziekje danste uit de speakers.

'Het Safarihotel,' begon Said aarzelend. 'Is the place to be.'

Karin deed iets ingewikkelds met haar armen en benen. Said deed haar na.

'For you and for me...'

De hoofden van de gasten schokten mee op de maat.

'Je kunt er swingen en zingen.' Zijn stem werd al vaster.

'Nu komt het goed,' fluisterde Marscha.

Said kreeg een staande ovatie en de camera van de persfotograaf flitste en daarna diende het personeel het eerste gerecht op. Er klonk geroezemoes en 'ah' en 'oh' en oom Rien stond handen-wrijvend in de keuken. 'Het is een succes, het is een succes.'

Dat was het zeker. Tussen het voorgerecht en de soep werden de stukken geveild. Een vrouw bood zo veel geld voor het schilderij van de olifant, dat we bijna steil achterover vielen.

'Derde gang.' Safira keek tevreden naar de serveersters, die alles keurig opdienden. Er moest extra wijn tevoorschijn worden ge-haald.

De verslaggever kwam in de keuken met oom Rien praten en Marscha zoende buiten stiekem met Kayongo. Nog meer gangen. Na het toetje moest Said nog een keer optreden en iedereen dans-te mee.

Stanley en ik telden de opbrengst van de veiling.

'Zoveel?' zei ik. 'Dat kan niet.'

Maar toen we het nog een keer telden, kwamen we op hetzelfde bedrag uit.

De mensen van *The Monitor* vertrokken. De toeristen gingen naar hun huisjes en wij hielpen het personeel met opruimen.

Oom Rien deed zijn stropdas af. 'Jongens, jongens, jullie waren geweldig.'

'De meisjes ook,' zei ik geeuwend.

Safira legde haar luchtbed op de keukenvloer. 'Oké, luitjes. Bedtijd.'

Even later liepen Marscha en ik met onze armen om elkaar gestrengeld naar het busje.

SAFARI-RAP

Het Safarihotel is the place to be
Het Safarihotel, for you and for me
Je kunt er swingen en zingen
En nog zo'n duizend andere dingen
Het Safarihotel, nu dan weet je het wel

Daar gaat een giraf!
Ik sta helemaal paf
Komt zomaar langs het terras gelopen
Hé, daar gaat ook nog een kudde antilopen
Yo, zit niet te geeuwen
Pas op, daar zijn leeuwen!

Het Safarihotel is the place to be
Het Safarihotel, for you and for me
Je kunt er swingen en zingen
En nog zo'n duizend andere dingen
Het Safarihotel, nu dan weet je het wel

's Ochtends heel vroeg uit je bed
Voor een gamedrive met Kayongo en Janet
Bij de rivier naar de hippootjes kijken
Krokodillen die op boomstammen lijken
En daarna ontbijten in het hotel
Die gebakken eieren smaken dan wel

Het Safarihotel is the place to be
Het Safarihotel, for you and for me
Je kunt er swingen en zingen
En nog zo'n duizend andere dingen
Het Safarihotel, nu dan weet je het wel

Afscheid

Waarom doet Marscha het licht nou aan? dacht ik.

Een doffe klap. Toen ging het licht weer uit.

Oh ja, we sliepen in het busje. Ze was natuurlijk naar buiten gegaan om te plassen.

Ik trok de deken hoger op en deed mijn ogen weer dicht.

Toen hoorde ik geritsel, en iemand ademen.

Ze was dus binnengekomen ná het plassen. Ik draaide me om en...

DE MOTOR SLOEG AAN!

Ik had het gevoel dat mijn hersens geëlektrocuteerd werden. Ik was meteen klaarwakker en keek naar de bestuurdersstoel. Daar zat iemand!

Marscha ging dus echt niet midden in de nacht met het busje rijden. Ze kón niet eens rijden.

Maar wie dan wel?

Een schokje. Shit, het busje ging vooruit! Ik zette me met mijn handen en voeten schrap tegen de zijwanden. Ik kon alleen nog in stukjes denken. Autodieven. Kidnappers. Waarom hadden we de portieren niet op slot gedaan?

We gingen harder en harder en schoven ineens naar links.

Ik hoorde iemand gillen. Was ik da...

Een keiharde klap! Ik kon me niet meer tegenhouden en rolde van de bank naar de vloer. Baf! Ik werd misselijk van de pijn. De motor was afgeslagen en even was het oorverdovend stil. Tot er een heel dun stemmetje vroeg: 'Fay, gaat het?'

Marscha!

'Ik geloof dat ik nog leef,' antwoordde ik. 'En jij?'

Stanley en Kayongo trokken ons voorzichtig uit het busje en legden ons in het gras. Oom Rien viel op zijn pyjamabroekknieën naast ons. 'Meisjes, dit vergeef ik mezelf nooit.'

283

'Jij kon er niks aan doen,' zei Marscha. 'Wat is er eigenlijk gebeurd?'

Ja, alles was onwerkelijk. Ik zag miss Piggy voorbijlopen en... wat deden Henry en Moses zo laat nog op?

'Het is hem!' hoorde ik Marie-Fleur roepen.

'Wie?' Ik ging langzaam overeind zitten.

Oeps, het busje was tegen een boom tot stilstand gekomen en zat helemaal in de kreukels.

'The Butcher.' Stanley streek bezorgd door mijn haar. 'Hij wilde waarschijnlijk met het busje vluchten.'

Kayongo hielp Marscha omhoog. 'Weet je zeker dat het gaat, hartlam?'

Het hartlam hield zich stoer. 'Beetje gekneusd.'

Ik krabbelde ook overeind. Mijn benen leken van rubber. 'Volgens mij zit ik morgen onder de blauwe plekken.'

De eerste ramptoeristen kwamen uit hun huisjes. Ze keken naar het busje alsof het een bezienswaardigheid was. The Butcher lag voorover op het stuur en was buiten westen.

'Eigen schuld, dikke bult,' rapte Said.

Mijn hoofd bleef wazig. 'Waarom zit miss Piggy niet in haar hok?'

Janet grinnikte. 'Mijn broertjes gingen stiekem naar haar kijken. Ze hielden het hok iets te lang open en... vroem! Miss Piggy schoot het pad op, precies op het moment dat het busje eraan kwam. The Butcher wilde haar ontwijken, maar...'

Karin glimlachte tevreden. 'Er stond een boom in de weg.'

Henry en Moses tuurden naar hun schoenen.

'We mochten niet met miss Piggy spelen,' fluisterde Henry. 'Dus...'

Moses haalde zijn duim uit zijn mond. 'Anders ging varkje soms huilen.'

Er kwam een jeep aangereden.

'Jonsey!' Tim stak zijn hand op. 'Dat is snel.'

Oom Rien keek om zich heen. 'Waar blijft Safira eigenlijk?'

Marscha begon te lachen. 'Dat zijn wel heel goeie oordoppen.'

En toen gierden we het allemaal uit.

De volgende dag was ik zo stijf als een plank. Het leek wel alsof ieder plekje van mijn lijf gebutst was. Als Stanley maar naar me wees, begon ik al te kermen.

'Je moet een bordje om je nek hangen,' zei Karin. 'Verboden aan te raken.'

'Echt niet.' Marscha keek veelbetekenend naar Kayongo. 'Mijn lippen zijn nog steeds in topconditie, hoor.'

Inderdaad. Ze konden zelfs met losse handen zoenen.

Er werd een spiksplinternieuw busje afgeleverd. Het oude werd opgehaald door een takelwagen, nadat Tim het op de foto had gezet. 's Avonds maakten we voor de laatste keer een safaririt door het park. Toen de zon bijna onderging, reed Kayongo naar een open plek en zette de motor af.

Iedereen zweeg, alsof het zo was afgesproken.

Ik keek naar de giraffes, die op een afstandje nieuwsgierig terugkeken. Naar de oranje vuurbal die achter de horizon zakte. Naar het zachte licht dat bijna van goud leek. Een warme gloed stroomde door me heen.

Ooit kom ik terug, dacht ik. Zeker weten.

En toen moesten we weer naar Nederland. We namen afscheid van het personeel, van Janet en haar broertjes en van alle mooie plekjes. We knuffelden miss Piggy bijna fijn en Marscha knuffelde Kayongo helemáál fijn.

'Ik mis je nu al, hartlam.' Er stonden tranen in zijn ogen.

'We kunnen bellen en schrijven,' zei Marscha met een trillende lip.

Bij het woord 'schrijven' stak Karin haar tong uit. 'Shit, dat is waar ook. We moeten nog een verslag voor school maken.'

Dus niet. Ik had niet alleen brieven naar *Lieve Manja* geschreven, maar ook een logboek bijgehouden.

'Verrassing!' Ik haalde een schrift uit mijn rugzak. 'Over grijze dikbillen, swingen in een safarihotel, leeuwengympen en nog veel meer Afrikaanse dingen' stond er op de voorkant.

'Gaaf, man!' Marscha viel me om de hals.

'Vrouw,' zei ik.

'Maar wel gaaf.' Stanley keek me heel verliefd aan.

'Het is dat ik al verkering met Karin heb,' zei Said.

Ze gaf hem een stomp.

'Echt super, Fay,' zei Marie-Fleur. 'Alleen jammer dat je geen roze schrift hebt gebruikt.'

'Als ik het woord "roze" nog één keer hoor,' dreigde Tim.

Ik luisterde naar het gekibbel en het gelach om me heen.

Niet alleen Afrika zou ik heel erg gaan missen...

Wil je meer weten over de andere boeken over
De StrandTent of wil je een kijkje nemen in
De StrandTent, bezoek dan ook de website:

www.destrandtent.com

Hier kun je een potje beachvolleybal
spelen en uittesten of een baantje
bij DST ook iets voor jou is.